그럴수록
우리에겐
친구가 필요하다

VOM ZAUBER DER FREUNDSCHAFT
Beziehungen besser verstehen und leben
By Irmtraud Tarr

Copyright © 2019 by Gütersloher Verlagshaus,
a division of Penguin Random House Verlagsgruppe GmbH
Korean Translation © 2022 by Woongjin Think Big Co., Ltd.
All rights reserved.
The Korean language edition published by arrangement with
Penguin Random House Verlagsgruppe GmbH, Germany through MOMO Agency, Seoul.

이 책의 한국어판 저작권은 모모 에이전시를 통한 저작권사와의 독점 계약으로
㈜웅진씽크빅에 있습니다. 저작권법에 의해 한국 내에서 보호를 받는
저작물이므로 무단전재와 복제를 금합니다.

그럴수록
우리에겐
친구가 필요하다

우정이라는
가장 가깝고
확실한 행복을
되찾는 법

이름트라우트 타르 지음
장혜경 옮김

◐ 차례

들어가는 말 _
나의 가장 따뜻한 시간을 되찾는 법　07

1장　우리에겐 서로가 필요하다　＊우정의 필요성　12

그저 나로 존재해도 충분한 시간 • 오래된 친구가 꼭 필요할까 • 외로움을 인정할 용기 • 나이가 들어도 새로운 친구가 필요하다 • 나에게 우정이 없었다면 • 친밀함이 가르쳐준 것 • 남녀의 우정

2장　관계의 무게가 변할 때　＊어른의 우정　48

누가 내 삶의 중요한 사람인가 • 곁에 있는 사람이 점점 더 소중해진다 • 좋은 관계는 현재에 집중한다 • 가장 어두운 날 나를 위로해주는 존재 • 우정은 서로를 가르치지 않는다

3장　우정은 이렇게 시작된다　＊좋은 관계를 만드는 7가지 조건　74

그저 들어주는 존재의 위로 • 두 사람을 연결하는 목표를 만들어라 • 친구를 통해 나다운 내가 된다 • 진정한 우정은 설명이 불가능하다 • 행동보다 마음의 동기가 중요하다 • 우정은 끊이지 않는 대화 • 무거운 책임에서 해방되는 순간을 만끽하자

4장 **우정에도 연습이 필요하다** ✽ **관계를 지키는 6가지 방법** 116

바빠도 우정의 시간을 지켜라 • 한없이 너그러울 것 • 신뢰는 구체적인 경험을 통해 쌓인다 • 때로는 솔직함이 독이 된다 • 타인에 대한 실망은 착각에서 비롯된다 • 공감할 수 있는 취향을 공유하자

5장 **우정의 깊이를 더하는 행동의 힘** ✽ **관계의 실천** 152

도움을 청하는 것도 애정의 표현이다 • 관계의 가장 큰 적은 권태 • 나에게도 친절을 베풀자

6장 **서로의 영감이 되어주다** ✽ **창의성의 공유** 168

누구에게나 창의력은 필요하다 • 내 삶을 다시 뛰게 하는 열정 • 사소한 것에서 영감을 얻다 • 새로운 가능성을 발견하는 즐거움 • 여자의 적은 여자라는 오해 • 내가 음악으로 우정을 나누는 법

7장 **관계에는 늘 위기가 따른다** ✽ **갈등을 해결하는 법** 198

내면의 그림자를 알아차려라 • 침묵으로 서로를 이해하는 법 • 어떻게 다시 관계를 회복할 수 있을까 • 신뢰를 잃으면 단단한 우정도 무너진다

8장 **우정이 나에게 가르쳐준 것** ✽ **관계의 마지막 단계** 222

상처가 깊다면 내려놓아야 한다 • 우리가 여전히 친구라는 사실 • 타인을 사랑의 눈으로 바라보는 태도

들어가는 말

나의 가장 따뜻한 시간을 되찾는 법

고대 그리스에 이런 말이 있다.

"네 친구를 보여다오. 그럼 네가 누구인지 말해줄 테니."

친구를 보면 우리가 어떤 사람을 인생이라는 무대에 초대했는지 알 수 있다. 그들에게 받은 사랑과 감정은 우리를 긍정적으로 변화시킨다. 우리는 친구를 통해 따뜻한 감정을 배우고 삶의 확신을 얻는다. 친구는 서로의 삶을 물들이며 거울을 비춰주는 존재다. 우리가 지금의 우리인 것은 친구들 덕분이기도 하다.

어떤 식으로든 우정 없이 사는 사람은 없다. 우리는 각자의 방식으로 우정을 누린다. 끊임없이 우정을 향해 손을 내밀고 친밀함을 나누고 싶어 한다. 서로가 필요하다는 사실을 본능적으로 느끼기 때문이다. 그러고 나서 깨닫는다. 친구와 함께하니

참 좋다고. 그래서 진정한 우정은 인간이 이룬 성과 중에서 가장 위대하다. 그것은 삶을 긍정하고 확인하는 결과물이다.

그런데 우정에 대해 고민하고 글을 쓰는 사람은 많지만, 정작 자신의 친구들과 만나 진지하게 우정을 논하지는 않는다. 친구로서 나는 어떤 사람인지 물으면 머뭇거리거나 회피하는 대답이 돌아온다. "좀 더 생각해볼게", "다른 친구한테 물어볼게." 여행, 책, 영화, 정치…… 세상 온갖 이야기를 나누지만 우정 그 자체에 대해서만큼은 쉬이 입에 올리지 못하는 것 같다.

내가 우정에 대해 글을 쓰기로 한 것은 우정을 찬양하고 싶었기 때문이다. 하지만 관심을 기울일수록 우정은 단순한 찬양가로는 그칠 수 없는 역동적이고 가변적이며 다채로운 것임을 느끼게 됐다. 우정은 깨질 수 있고 다소 멀어질 수도 있다. 우정은 영원히 보존할 수 있는 통조림이 아니다. 그래서 화분에 심은 식물처럼 잘 보살피고 가꾸어야 한다.

모든 우정엔 나름의 시간과 서사, 변화와 움직임이 있다. 그래서 문학에서 우정은 자주 춤에 비유된다. 가까움과 거리, 친밀함과 생소함의 영원한 균형 잡기를 표현하는 춤 말이다. 또한 우정은 자발적이다. 꼭 친구가 되어야 하는 사람은 없다. 또 그 누구도 우정을 금할 수 없다. 친구는 우리가 직접 선택한 사람들이다. 어떤 기관이 추천한 것도 아니고 누가 강요한 것도 아니며, 보험이 안전성을 보장해주지도 않는다. 순전히 우리가 결정해서 그들에게 사랑을 준다. 아무도 간섭할 수 없다.

우정이 매력적인 이유는 무엇일까? 인생에 풍요와 행복과 안정을 더하는 힘 때문에? 상처받기 쉬운 우리의 연약함 때문에? 모든 우정은 작은 우주를 창조한다. 우리는 친구와 많은 것을 할 수 있다. 손을 맞잡고 행복을 주고받을 수 있으며, 서로를 매혹하고 상처를 치유하며, 비판하거나 보호할 수 있다. 가족이 쉽게 풀 수 없는 끈이라면 우정은 색색의 실로 엮은 끈이다. 우정은 가족과 친척, 사랑과 지인 그 중간쯤에 자리한다. 가족과 달리 자발적이고 사랑과 달리 지속적이며 지인보다는 더 깊고 구속력 있다. 사실 우정을 이루는 것은 그보다 훨씬 더 풍부하다.

고대 그리스 철학자 아리스토텔레스Aristoteles는 소금을 나누어 먹을 때 비로소 친구가 된다고 말했다. 어려움을 같이 나눈 친구만이 진정한 우정을 이야기할 수 있는 것이다. 그러니 우정은 오랜 시간 함께 쌓아온 역사이자 기나긴 대화를 필요로 한다. 우정은 목표가 없고 유효기한이 없으며 경쟁의 야망을 모른다. 우정의 미래는 열려 있고 끝없이 발전한다.

우정이라는 우산 속 자리는 넓다. 헛소리, 웃음, 위안, 지혜, 농담이 들어설 자리가 널찍하다. 우정은 다층적이다. 이사를 돕고 돈을 빌려주고 파티를 하고 헛소리를 지껄이고 놀리고 뒷담

화를 하고 싸우고 서로의 손을 잡아주며 신과 세상에 대해 토론하고 침묵하며 곁을 지킨다. 이 모든 것이 차곡차곡 쌓여 우정이 된다.

친구라는 존재는 세상이 다정한 곳임을 알려준다. 그들이 아니었다면 몰랐을 다른 세상을 보여준다. 새로운 시각과 관점을 가르쳐주고 우리에게 닥칠 뻔한 위험을 딴 곳으로 내몬다. 위안이 필요한 우리의 손을 기꺼이 잡아준다.

나이가 들면 따뜻한 손과 다정한 시선이 필요하다. 나이 든 여성을 대상으로 한 연구 결과에 따르면, 손자를 키우거나 고양이를 기르는 사람보다 친구가 많은 사람이 더 건강하고 행복하다고 한다.

우정은 복잡한 주제다. 사랑이란 무엇인가? 신이란 무엇인가? 이런 질문들만큼 심오하고 대답하기 힘들다. 나 역시 누군가 우정이 뭐냐고 묻는다면 똑 부러지게 대답하기 어렵다. 그러므로 나는 나름대로 그 대답을 찾아보려 한다. 많은 것을 받아들이고, 수시로 걸음을 멈추기도 하며, 때로는 샛길로 빠지기도 하면서 우정이 무엇인지 알아볼 것이다. 이러한 시도는 우정의 복잡성을 조금이나마 이해하려는 나의 노력이다.

이 위대한 주제를 선택한 이유는 삶을 향한 나의 학구적 태도 때문이다. 나는 배움을 멈추고 싶지 않다. 이런 의미에서 나는 "우정을 빼고 나면 삶에 중요한 것이 별로 없다"는 작가 볼테르Voltaire의 명언에 밑줄을 긋는다. 나 역시 친구들에게서 수없이 많은 것을 배웠으며 서로가 필요하다는 사실을 깨달았기 때문이다. 우리는 모두 궁핍한 존재인 것이다.

● 1장

우리에겐
서로가
필요하다

우정의 필요성 *

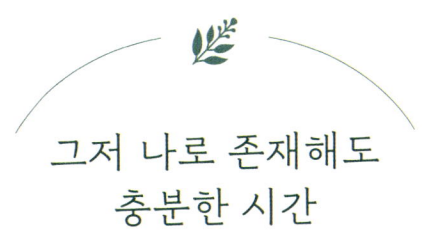

그저 나로 존재해도
충분한 시간

　친구들과 이야기할 때 살짝 얼이 빠질 때가 있다. 그 가벼움, 그 열린 마음, 그 공감과 유머와 자유가 너무 좋아 잠시 정신줄을 놓는다. 남들이 이성적이라 생각하는 것을 배반한 그 '아무 말 대잔치'가 좋다. 친구들끼리 끔뻑끔뻑 주고받는 눈짓은 우정을 가꾸는 최선의 길이다. 둘만 아는 이런 신호가 만족감을 선사한다. 이 친밀한 합의에 전복이, 남들이 정한 길을 가지 않겠다는 오기가, 타인의 기대를 충족하지 않겠다는 거부가 숨어 있다.
　살다 보면 정해진 인생을 거부하고 싶을 때가 있다. 관찰당하고 싶지 않을 때가, 감시와 평가를 받고 싶지 않을 때가 있다. 타인의 시선을 받으면 자동적으로 부자연스러워진다. 다들 경험이 있을 것이다. 계단을 오르다가 혹은 춤을 추다가 누군가의 시선을 느끼면 갑자기 자유롭고 우아하던 몸짓이 긴장되고 경련이 일고 나무토막처럼 딱딱해진다. 남의 시선이 항상 특정한 기대로 가득차 있다는 사실을 본능적으로 느끼는 것이다.

때로는 그냥 '나 자신'인 것만으로도 충분한 시간과 공간이 있다면 좋다. 그러나 그게 생각처럼 쉽지 않다. 운 좋으면 가족이 그 역할을 할 수 있다. 혹은 좋은 친구들과 함께 있을 때 그런 기분이 드는 순간이 있다. '여기선 부러 나를 꾸미지 않아도 되겠구나, 온전히 나로 존재해도 되겠구나, 내가 누군지 내가 결정할 수 있겠구나.' 좋은 친구와 같이 있을 때는 내 이미지를 정할 사람이 나이기 때문이다. 우쭐댈 필요도 굽실거릴 이유도 없다. 우정은 눈높이가 같은 사람들을 한데 엮는 줄이며, 그 줄은 쉽사리 끊어지지 않기에 친구와 함께 있을 땐 사회적 신분 같은 것이 필요치 않다. 서로의 눈을 바라보기에 우정의 줄은 수평선에 가까울 것이다.

우정이 무엇인지 우리는 본능적으로 안다. 학자들이 우정에 대해 온갖 복잡한 말들을 남겼지만 핵심은 늘 같았다. 아리스토텔레스는 말했다.

"친구 사이에선 누구도 상대보다 더 낫지 않다."

서로에 대해 아는 것이 너무 많아서 절대 상하관계가 될 수 없을 것이다.

과연 우정은 무엇일까? 우리는 우정에 무엇을 기대할 수 있으며, 우정은 왜 좋은가? 이런 질문 앞에 서면 갑자기 철학적 고민에 빠지게 된다. 시간이 무엇이냐는 질문을 받은 아우구스티누스Aurelius Augustinus의 심정도 그랬을 것이다. 나도 그렇다. 누군가 갑자기 우정이 무엇이냐고 물어본다면 쉽사리 대답할 수 없다. 생명과 애정, 사랑과 신뢰, 공유와 행복, 우수와 상실과 죽음…… 우정은 그 수많은 것들이 공명하는 단순하면서도 다층적인 개념이기 때문이다. 우정은 뚜렷한 경계가 없어서 제3자는 절대 무엇인지 말할 수 없다. 그러기에는 너무 복잡하고 너무 거대하다. 우정은 고민하고 계산하여 느낄 수 있는 감정이 아니라 경험이다.

우정이라는 추상적인 관념에 형태와 스토리가 생기면 우정은 결국 상대의 삶의 방식에 대한 긍정과 다르지 않다는 사실을 깨닫게 된다. 서로를 긍정하기에 말하지 않아도 서로에게 다가가는 것이다. 이는 쉬지 않고 흐르는 감정과 관련이 있다. 우정은 쉬지 않고 움직이며 형태를 갖추는 소통의 춤이다. 나의 공간과 너의 공간이 겹쳤다 떨어지기를 반복하는 춤, 서로의 거리가 좁혀졌다 멀어지기를 되풀이하는 춤이다. 그러기에 우정에는 영적 동작의 언어가 막힘없이 표현되고 개진될 수 있는 안전한 공간이 필요하다.

내게는 잊지 못할 경험이 있다. 생일 파티에서 밴드 음악에 맞춰 춤을 추자 친구 안나가 따라 일어나 나와 박자를 맞추며 몸을 흔들었다. 그 순간 댄서들이 말하는 '내가 춤을 추는 것이 아니라 춤이 나를 추는' 상황이 일어났다. 그 순간이 우리에게 선사한 선물이 몸을 타고 흐르는 것 같았다. 옳고 그름은 없고, 우리와 음악만이 있었다. 지금 여기만이 존재했다. 손님들이 자리를 마련해주고 우리를 에워쌌다. 그 순간만큼은 시간이 영원한 것처럼 느껴졌다. 이렇게 상상과 동작이 서로 얽히면서 우리는 더욱 섬세한 감각으로 더 멋진 동작을 표현할 수 있었다. 말 한마디 나누지 않아도 놀이처럼 가볍게 몸의 쾌락과 친밀함을 나눌 수 있었다.

그날의 경험은 오래갔고, 우정의 비유가 되었다. 잘난 척하지 않아도 되는 시간, 쓸모없어도 되며, 참고 견디지 않아도 되는 시간. 우리가 있는 그 장소에서 그 순간 그 사람으로 열정적으로 존재하는 시간. 함께 우리가 되는 시간, 그것이 바로 우정이다.

좋은 친구들과 함께 있을 때
그런 기분이 드는 순간이 있다.
'여기선 부러 나를
꾸미지 않아도 되겠구나,
온전히 나로 존재해도 되겠구나.'

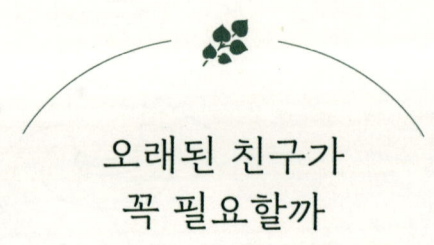

오래된 친구가
꼭 필요할까

한 지인이 물었다.

"오래된 친구가 꼭 있어야 하나요?"

물론 꼭 그래야 할 필요는 없다. 하지만 질문을 들으며 나는 그녀가 오래된 친구가 없기 때문에 잘못 살았다는 생각을 하는 게 아닌가 싶었다. 나중에 그녀는 고백했다. 어떻게 지내느냐는 질문을 받으면 항상 "좋아요, 잘 지내요"라고 대답하며 살았다고. 자신이 정말로 어떻게 지내는지 궁금해할 사람은 없을 테니까. 그런 체념이 듣기 좋은 말 뒤로 몸을 숨긴 채 친밀한 관계를 피한 진짜 이유였다.

고대 그리스 사람들은 우정을 삶의 중심으로 보았다. 친구에 대한 깊은 관심 때문만이 아니라 자기 자신에 대한 배려 때문에도 우정은 그들 삶에서 중요한 자리를 차지했다. 아리스토텔레스는 『니코마코스 윤리학』에서 말했다.

"친구에게는 자기 자신에게 하듯 한다."

이 말에서 관심 있게 봐야 할 부분은 타인에 대한 배려와 자신에 대한 배려를 구분하지 않는다는 사실이다. 둘은 서로에게 종속된다. 요즘 사람들은 자신을 먼저 사랑해야 좋은 친구도 될 수 있다고 말하지만 절대 그렇지 않다. 우정과 자기 배려는 상대를 통해서만 가능하다.

우리는 혼자서 오래 살 수 없다. 우리에겐 친구가 필요하다. 종교철학자 마르틴 부버Martin Buber는 다음과 같이 말했다.

"네 안에서 내가 되어야 한다."

솔로몬의 잠언(『전도서』, 4장 10~11절)에도 멋진 구절이 나온다.

"혹시 저희가 넘어지면 하나가 그 동무를 붙들어 일으키려니와 홀로 있어 넘어지고 붙들어 일으킬 자가 없는 자에게는 화가 있으리라. 두 사람이 함께 누우면 따뜻하거니 한 사람이면 어찌 따뜻하랴."

이런 말들에 우정의 핵심이 숨어 있다. 그 누구도 혼자서는 몸을 덥힐 수 없다. 혼자서는 간지럼을 태울 수도 가능성을 소생시킬 수도 없다.

친구와는 안전과 공명의 온기를 서로 나눈다. 주고받는 시선과 말과 몸짓과 손길은 안으로 흘러 들어와 우리를 다른 사람으로 만든다. 친구를 만나고 나면 더 나은 사람이 된 듯한 기분이 드는 건 왜일까? 친구를 만나고 나면 더 낙관적이고 자신감이 넘치는 것은 단순히 행복 호르몬 때문만은 아니다. 서로를 향하는 과정에서 되돌아오는 내적 변화 때문일 것이다. 우정은 말은 물론이고 감정을 주고받을 때 탄생한다. 이런 친숙함에서 상호 간의 온기가 생겨나는 것이다.

성공적인 우정의 비밀은 서로에 대한 존중을 주고받는 것에 있다. "넌 소중한 사람이야", "난 너를 존중해", "너의 행동과 경험은 내 마음을 움직여"라는 따뜻한 말은 생각은 물론 기분에도 영향을 미친다. 친구가 불안하면 나도 불안하다. 친구의 불안에 나의 불안이 공명하기 때문이다. 친구가 화를 내면 나도 화가 나고 친구가 울적하면 나도 울적해진다. 그렇게 서로에게 자신의 감정과 그리움과 소망을 전염시키기에 친밀함이 생겨난다.

우리는 말뿐 아니라 행동에서 진정한 존중을 깨닫는다. 친구를 존중하기 위해선 존중을 보여주는 행동을 해야 한다. 친구는 단지 듣기 좋은 말을 바라지 않는다. 진심을 다해 대우해주길 바란다. 마음에서 우러난 작은 몸짓 하나가 행동의 차이를 만들 때가 많다. 아무리 작은 몸짓이라도 진정한 존중이 담겼다면 큰 차이를 불러올 수 있다. 그 몸짓이 우정의 불을 지펴 온기를 발

산한다. 존중은 내면의 태도만이 아니라 친구에게 가닿은 행동이다.

나는 친구 올가가 철사로 만들어 선물해준 갑옷을 자주 쳐다본다. 누군가 나를 힘들게 해서 내가 울분을 토로하자 올가가 그 갑옷을 만들어주었다. 그녀는 아무도 내 세상을 함부로 침범할 수 없도록 갑옷이 지켜줄 것이라고 말했다. 그 갑옷은 누군가 나를 생각해줬다는 증거이기에 더욱 소중하다. 이런 느낌, 나를 보호하거나 지지하는 사람이 이 세상에 있다는 느낌이 참으로 큰 힘이 된다. 나를 걱정하는 마음이 그녀의 손끝을 타고 표현되었다는 사실이 매우 감동스럽다.

실제 행동으로 존중과 칭찬을 전하는 것은 인생이 혼자서만 빙빙 돌다 제풀에 넘어지는 모노드라마가 아니라는 사실을 일깨워준다. 친구가 된다는 것은 상대방의 삶의 방식을 긍정하는 것이다. 그리고 그 긍정의 마음을 몸으로, 행동으로 표현하는 것이다. 우정은 몸으로 입증한 존중이다.

오래된 친구가 꼭 필요할까? 없어도 괜찮은 사람이 있겠지만 그럼에도 언젠가는 오랜 친구가 아쉬울 것이다. 와이파이나 휴대전화, 냉장고는 없어도 살 수 있다. 하지만 친구가 없어도 살 수 있을까? 아니, 친구 없이는 살 수 없다. 혼자서는 움츠러들고 작아질 것이다. 이 따뜻한 보호막이 없다면 스트레스부터 중병에 이르기까지 온갖 위험에 노출되고 말 것이다. 떨어져서, 고립되어, 존중받지 못하면 인간은 건강하게 살아갈 수가 없다. 이런 영원한 그리움은 평생을 동행하며 우리에게 생물학적으로도 닻을 내리고 있다. 인간은 소속감을 나눌 수 있는 친구가 필요하다. 아무리 강조해도 충분하지 않다. 우리에게는 친구가 필요하다.

외로움을
인정할 용기

　외로움은 일상의 한 부분이다. 몰래 우리의 심장에 들어와 끈적이는 검은 장막처럼 가슴에 딱 달라붙어 외부와의 교류를 방해한다. 외로움은 스펙터클한 고통이 아니라 고요하게 스며든다. 눈에 보이거나 귀에 들리지 않아 쉽게 눈치챌 수도 없다. 모두가 경험했을 것이다. 엄마한테 야단맞고 방에 틀어박힌 아이, 옷이 싸구려라고 친구들에게 따돌림 당한 학생, 할 말이 없어서 서먹서먹한 커플, 아무도 불러주지 않는 실업자, 남편을 잃은 아내, 아내를 잃은 남편, 돈은 많이 벌었지만 자신을 잃어버린 듯한 기업가, 요양원에서 쓸쓸히 홀로 지내는 노인.

　그러나 남에게 솔직하게 외로운 심정을 털어놓기란 쉬운 일이 아니다. 세상 밖으로 밀려났다는 기분이 스스로도 창피하고 혹시 남들에게 말했다가 동정을 살까 싶어 입을 다문다. 그래서 외롭다고 고백할 수 있으려면 안전하다고 느낄 수 있는 장소가 필요하다. 나는 심리상담소를 열고 나서 얼마나 많은 사람들이 외로움에 시달리는지 알게 되었다.

한 여성은 이렇게 고백했다.

"모두가 음악에 맞춰 춤을 추고 있는데 나만 박자를 맞추지 못해 진땀이 나는 기분이에요."

소외되고 고립되었다는 암울한 기분은 내가 아무짝에도 쓸모가 없다는 기분, 누구에게도 사랑받지 못한다는 기분으로 자라난다. 남들은 리듬에 몸을 맡기고 신나게 춤을 추는데 자신만 몸이 뻣뻣해서 꼼짝도 못하는 기분이다. 영혼이 안으로 접히는 기분이다.

또 다른 여성은 친구 집에 놀러 갔다가 깊은 외로움을 느꼈다고 고백했다. 책을 좋아하는 그녀의 취미를 친구가 놀린 것이다. 그녀는 벌떡 일어나 집으로 돌아가고 싶었다. 오지 말아야 할 곳에 온 것처럼 너무 외로웠기 때문이다. 그 박탈감, 그녀의 표현대로 그 "혀끝에 남은 쓴맛"이 어찌나 강렬했던지 그녀는 자신이 거짓말쟁이가 된 것 같은 기분이 들었다.

"무슨 이야기든 다 할 수 있었지만 내 이야기만은 할 수가 없었어요."

자기 자신을 연기하는 배우가 된 것 같았다고 설명했다. 그 말을 듣는 순간 나는 어느 여성이 떠올랐다. 그녀는 베를린으로 발령이 나서 고향을 떠나왔는데 베를린에서 새 친구를 사귀지 못해 힘들어했다.

"베를린 사람들은 너무 차갑고 냉정해요. 아무도 마음을 주지 않아요."

그래서 그녀는 주말마다 친구들을 보러 고향에 갔다. 비용이 엄청났지만 그래도 베를린에서 혼자 주말을 보내는 것보다는 나았다.

물론 아끼고 사랑하는 사람들과 함께 있을 때도 외로움은 엄습한다. 외로움은 안팎으로 자신의 자아와 하나가 되지 못하는 그 틈새를 파고든다. 그것은 존재가 짐짝처럼 느껴지는 무력한 기분, 혼자 있어서 괴로울 뿐 아니라 함께 있어서 더 괴로운 기분이다. 보이지 않는 동행처럼 외로움은 어디를 가나 우리를 쫓아온다. 친구들과 함께하는 술자리에도, 사랑하는 연인과의 시간에서도. 외로움을 키우는 자양분은 상실의 두려움과 공허감이 가득 들어찬 그런 불안이다. 온몸을 뒤덮은 상처를 받은 것 같은 그런 감정 말이다.

내가 아는 한 사람은 친구들을 만나도 허한 마음이 채워지지 않는다면서도 계속 친구들을 만나고 다녔다. 왜 그러냐고 물었더니 "혼자보다는 낫다"는 대답이 돌아왔다. 외로움이 사라지는 것은 아니지만 어쨌든 시간을 때우고 교류할 수는 있으니까. 그녀의 대답을 들으며 새삼 자기 자신과 교류하는 법을 배우는 것이 중요하다는 생각이 들었다. 혼자서도 잘 지낼 수 있는 능력이야말로 오히려 관계를 풍성하게 채우는 길이기 때문이다. 충만한 혼자만의 시간은 자기 발견과 자기 존중의 수단이다. 자신이 가장 좋은 친구이기에 혼자서도 행복할 수 있다. 물론 외로움은 혼자의 시간에 찾아오기 쉽지만 혼자 있다고 해서 다 외로운 것은 아니다.

열심히 일하고 작은 것에서도 가치를 발견하며 분주하게 시간을 보내면 외로움도 기세가 꺾인다. 인정하고 수긍하는 사람에겐 생산적인 외로움이 미소 띤 얼굴로 반갑게 손짓할 것이다. 외로움의 시간은 안으로 집중할 수 있는 기회이며, 더 깊어질 수 있는 시간이기 때문이다.

나는 외로울 때 "이따금 물을 바라보라"라는 독일의 시인 고트프리트 벤 Gottfried Benn의 충고를 따른다. 수영장에서 수영을 하다가 힘들면 밖으로 나와 가만히 앉아서 이리저리 흔들리는 수면을 바라본다.

그렇지만 아무리 노력해도 선뜻 일어날 수 없다면 어떻게 해야 할까? 밖으로 나갈 용기가 나지 않는다면? '아무도 날 좋아하지 않아.' 이런 생각에서 헤어날 수 없다면 어떻게 해야 할까? 자발적이든 아니든 많은 사람들이 희망을 잃은 채 차가운 외로움의 바다에 빠져 허우적거린다. 파트너와 헤어졌거나 파트너를 먼저 떠나보낸 사람들도 많다. 이런 상황이 위험하다는 사실은 모두가 본능적으로 느낀다. 혼자만 있다보면 삶의 유한성이 위험할 정도로 뼈저리게 다가오기 때문이다. 그러기에 외로움은 "조용한 킬러"라고도 불린다.

 미국 유타주의 브리검영대학교 교수들이 340만 명을 대상으로 대규모 설문조사를 실시했다. 그 결과를 보면 외로움은 사망 위험을 30퍼센트, 치매 위험을 66퍼센트, 심근경색 위험을 43퍼센트 더 높인다고 한다. 그러니까 매일 열다섯 개비의 담배를 피우거나 과도하게 살이 찌는 것보다 외로움이 더 위험한 셈이다. 외로움은 담배의 위험성이 알려진 이후 신체에 가장 심각한 위험 요인으로 꼽힌다. 그래서 미국에선 외로움을 "새로운 흡연"이라고도 부른다. 그러나 진짜 문제는 외로움이 수치심과 침묵을 동반한다는 사실이다. 개인화, 도시화, 합리화, 기동성을 기치로 내건 사회에서 '루저' 취급을 당할까 봐 겁이 나서 외로워도 입을 꾹 다물어버린다. 자신을 보호하기 위해, 거부당할까 봐 두려워 자꾸 사람들과 거리를 두게 되고, 그렇게 점점 더 사람들과 멀어진다.

어떻게 하면 이 문제를 해결할 수 있을까? 답은 간단하다. 물론 실천은 생각처럼 쉽지는 않다. 가장 중요한 건 자신의 외로움을 인정하는 것이다. "나 외로워." 인정하고 고백하는 것이다. 자신의 외로움이 실패가 아니라 성과 위주의 사회가 만든 사회적 문제일 수 있음을 이해해야 한다.

바로 이 지점에서 우정의 지대한 역할이 드러난다. 진정한 친구에겐 말할 수 있다. "나 외로워", "아무것도 못하겠어", "여긴 나랑 안 맞는 것 같아", "이 시간이 부담스러워." 진정한 친구는 그런 호소를 들어주고 곁에 있어준다. 그러자고 친구가 있는 것이다. 서로 지지하고, 함께 시간을 보내고, 보다 긍정적인 생각으로 이끌어주는 것이 친구가 할 일이다. 설사 당장 유의미한 활동을 시작할 수 없다 해도 적어도 아무 의미 없는 고독한 독백은 멈출 수 있다. 친구가 있다고 해서 곧바로 외로움이 치유되지는 않지만 함께 올바른 방향으로 한 발 내디딜 수는 있다.

눈물을 닦아주고 고통을 달래주는 존재. 친구가 아니라면 누구에게 벅차오르는 감정을 터놓을 수 있으며 참기 힘든 고통을 이야기할 수 있을까? 그 경험만으로도 비극의 무게와 고통의 칼날이 무뎌진다. 서로가 필요하다는 사실을 깨닫게 되기 때문이다. 나이가 들면 성공보다 공감이, 야망보다 배려가, 돈보다 사랑이 더 중요하다는 사실을 절로 알게 된다. 외로움은 소중한 이정표다. 남은 시간과 관계를 어디에 쏟아야 할지 알려준다. 그 모든 진리는 이 한마디로 요약될 것이다.

"너 스스로 네가 바라는 친구가 돼라."

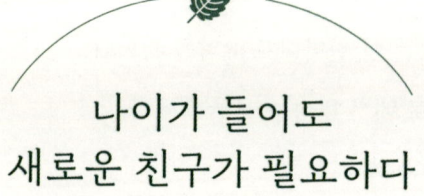

나이가 들어도
새로운 친구가 필요하다

강변길을 따라 산책하는 중이었다. 뒤에서 두 여성이 신나게 이야기를 나누고 있었다. 갑자기 '요한 제바스티안 바흐'라는 이름이 들려왔다. 깜짝 놀라 대체 누가 나의 최애 작곡가를 말하는지 보려고 휙 몸을 돌렸다. 나는 10년 넘게 바흐의 음악과 함께 밤을 지새웠다. 매일이라고 하면 좀 과장이겠지만 바흐의 음악이 없는 밤은 내게 오아시스 없는 사막과 같았다.

그렇게 우리의 우정은 시작되었다. 그날부터 우리는 매일 함께 걸으며 바흐의 이야기로 꽃을 피웠고 굳이 말하지 않아도 걸음을 맞추고 같이 웃고 흥얼거릴 수 있게 되었다. 시계로 가리킬 수 없는 시간, 통제할 필요가 없는 생각들, 새로운 만남의 행복으로 마음을 활짝 열었다.

나이가 들면 친구 사귀기가 힘들어진다. 많은 사람들이 그렇다고 말한다. 하루 일과가 정해져 있고 가족에게 들이는 시간이 상대적으로 많은 데다, 나름의 선호가 확실해지기 때문이다. 또 나이가 들면 예민해져서 불편한 것을 잘 참지 못한다. 무엇보다 이제 세상을 다 안다고 생각해 자기 기준을 섣불리 남에게 적용하려 든다. 한 여성 정치가는 이런 말을 한 적이 있다.

"젊은 시절 내 인생은 소개팅이나 신나는 파티 같았다. 뭐든 마음을 활짝 열었고 호기심이 넘쳤다. 그런 내가 충격적일 정도로 쪼잔해졌다. 누구든 만나면 트집거리부터 찾는다. 입에서 나오는 말이라고는 불평과 비난뿐이다."

아마 기력이 전만 못하고, 새로운 사람에게 정성을 들일 여력이 없기 때문일 것이다. 그러나 아무리 나이를 먹어도 인간에겐 관계를 맺고픈 욕망이 있다. 다른 이의 심중에 깃들고 싶다는 바람은 삶의 마지막까지 이어지는 게 아닐까?

나의 '바흐' 친구는 그런 바람을 "혼자서 비를 맞고 싶지 않다"는 말로 표현했다. 노년도 젊은 시절 못지않은 발견의 시간이 될 수 있다. 물론 예전과 같은 뜨거운 열정과 감정, 솟구치는 긴장과 기쁨은 아닐 것이다. 그래도 변화에의 욕망과 권리는 영원히 변치 않는다.

그러기에 나는 바흐 친구를 만나면서 봄과 같은 새 출발의 힘을 느꼈다. 나이가 들어도 새로운 친구를 사귈 수 있다는 사실에 기분이 좋았다. 아니, 순서가 바뀌었다. 새로운 친구를 사귀면 늙지 않는다. 예전에는 새로운 연인을 만나거나 새 프로젝트를 시작해야 기분이 좋아졌다. 지금은 다른 기적을 경험한다. 예전 같았으면 아마 못 보고 지나쳤을 기적들이다.

우리는 서로를 쉽게 찾았다. 함께했던 걸음, 함께 맡은 나뭇잎과 꽃의 향기, 다채로운 언어로 숨을 쉬는 이 경험 덕에 우리는 행복했고 더 친해졌다.

음악이나 사랑과 비슷하게 우정도 마음을 먹는다고 시작할 수 있는 게 아니다. 왜 시작했는지 이유를 댈 수도 없다. 우정은 지령받거나 분석할 수 있는 게 아니다. 나중에 그 우정이 튼실해지거나 끝난 후에는 이유를 댈 수 있을지도 모르겠다. 하지만 우정이 시작되는 마법같은 순간은 말로 설명하기 힘들다. 이런저런 공통점과 유사점을 줄줄이 끌어다가 설명할 수는 있겠지만 그건 다 나중에 덧붙인 것에 불과하다. 태초엔 감탄만이 있다. 언어를 넘어서는 것, 놀라운 것만 있다. 그 일이 일어났기에, 그것이 우리의 마음을 사로잡아 감동시키기에, 우정은 그 자체가 이유이고 선물이다.

나에게
우정이 없었다면

친구란 무엇일까? 이 세상에 내가 혼자가 아니라는 느낌을 주는 사람 아닐까? "넌 외톨이가 아냐"라고 말해주는 사람 아닐까? 설명하거나 변명하지 않아도 편하게 이야기를 주고받을 수 있는 동반자, 말주변이 없어도 창피하지 않고, 눈치 보지 않고 웃을 수 있으며, 주눅 들지 않고 마음을 활짝 열 수 있는 동반자 아닐까?

이렇듯 친구는 외로움을 달래준다. 나는 비틀스의 노래 〈With a Little Help from My Friends〉를 좋아하는데, 이 노래를 들을 때마다 어릴 적 내 친구들이 떠오른다. 그들의 이름과 얼굴이 아직도 생생하게 기억난다. 그동안 우리 곁을 떠난 친구도 많고 멀리 이사 가거나 생각을 달리하게 된 친구들도 많다. 하지만 제일 중요한 친구는 지금까지도 곁에 남아 있다. 그 친구는 내 인생의 큰 선물이다. 그녀가 내 삶을 처음부터 지켜본 목격자이기 때문이다. 다른 이들은 잠시 곁에 머물다 멀어졌지만, 그녀만은 내 인생의 모든 길을 때론 가까이서 때론 조금 멀찍이서 지켜보며 따라왔다.

그녀에게 말한다.

"기억나? 우리의 비밀과 몰래 나눠 먹던 싸구려 초콜릿이? 아이를 많이 낳아 행복한 대가족을 이루겠다던 우리의 꿈, 책상 밑에서 주고받던 쪽지가? 우리 귀를 잡아당기던 그 무서운 선생님, 우리가 함께 걸었던 그 숲의 산책길, 너와 나의 아버지가 돌아가셔서 흘렸던 우리의 눈물이? 다 어제 일 같지 않아?"

어린 시절 우리는 아직 '친구'라는 말의 뜻을 몰랐다. 그저 운명처럼 부모님이 친하게 지냈고 서로 옆집에 살아서 자연스럽게 만났다. 우리는 글자도 함께 배웠고 기도도 많이 했다. 예배 시간에, 밥 먹기 전에, 잠들기 전에, 힘든 일이 있을 때마다 같이 손을 모으고 기도를 드렸다. 우리는 꽃을 꺾었고 풀밭에 누워 흘러가는 구름을 헤아렸다. 울고 불며 싸웠다가도 "화해하자" 한마디면 어느새 다 없던 일이 되었다. 우리는 서로가 필요했지만 왜 그런지 고민하지 않았다. 우리는 순진했고 활달했으며 세상을 믿었다.

우리의 우정은 단순하고 직접적이었다. '네가 인형을 주면 친구고 안 주면 친구 아냐. 네가 우리 집에 놀러 오면 좋지만 안 오면 너무 슬퍼.' 우리는 있는 그대로의 서로를 가벼운 마음으로 다 받아들였다. 오늘은 친구였다가 내일은 적이 되었고, 그 모든 것이 너무나 쉽고 자연스러웠다. 서로를 보듬으면서 할퀴기도 했다. 매사가 구약성서처럼 "눈에는 눈, 이에는 이"였다. 그래도 우리의 관계는 타격을 입지 않았다. 오히려 그런 가벼움을 통해 우리의 심장에 서로가 들어갈 틈이 생겼다. 그렇게 무구하고 무조건적으로 서로 사랑하지 않았다면 결코 생기지 않았을 틈이었다.

이런 가벼움을 무시해서는 안 된다. 어린 우정이라고 해서 결코 가볍지 않다. 그것은 진지함의 반대말이 아니라 진지함의 가벼운 응집 상태다. 만일 어린 시절 친구들과 그런 가벼움을 경험하지 못했더라면 지금 나의 진지함은 온전하지 못했으리라 생각한다.

서로를 향한 우리의 감정이 얄팍하거나 피상적이었다고 생각하지 않는다. 친구가 부당하게 벌을 받았을 때, 혹은 친구가 너무 그립거나 친구와 헤어져야만 했을 때 흘렸던 눈물이 아직도 생생히 기억난다. 앞서 말했듯 나의 아버지와 친구의 아버지가 연달아 일찍 세상을 떠났을 때 우리가 흘린 눈물을 기억한다. 당시 우리는 요구와 기대와 욕망 없이 순간에 충실했다고 믿는다. 그때는 시간이 지금보다 훨씬 느리게 흘렀다.

친밀함이
가르쳐준 것

　지금도 그 감동적인 장면이 눈앞에 생생하다. 스쿨버스에 네다섯 명의 10대 여자아이들이 서로의 무릎 사이로 다리를 집어넣고 마주 앉아 있었다. 한 아이가 다른 아이의 머리를 쓸어 땋기 시작했고, 또 하나가 빗을 꺼내 맞은편 친구의 긴 머리를 정성껏 빗어 삐삐처럼 양 갈래로 묶었다. 그 장면을 떠올릴 때마다 내 머릿속엔 '털 고르기'라는 말이 절로 떠오른다. 서로 이를 잡아주고 털을 쓰다듬어주면서 관계를 돈독히 하는 영장류처럼 어린 시절 나와 내 친구들도 늘 그렇게 붙어 다녔다.
　"종이도 안 들어가겠다."
　할머니는 찰싹 붙어 다니는 우릴 보면 늘 그렇게 말씀하셨다. 우리는 한시도 떨어지지 않고 딱 붙어 다니면서 서로의 애정과 소속을 확인하고 다졌다.

아주 어린 시절엔 친구가 필요의 존재다. 그래서 놀이 친구, 수영장 친구, 극장 친구, 운동 친구가 다 따로 있지만 조금 더 나이가 들면 친구에 대한 생각이 달라진다. 특히 사춘기가 되면 친구는 태초의 인간이었다는 쿠겔멘쉬(플라톤의 『향연』에서 이야기되는 존재로, 남성과 여성의 성이 한 몸에 있다. 제우스 신에 의해 둘로 나뉘게 된다―옮긴이)처럼 딱 붙어 떨어질 수 없는 사이가 된다. 온 세상이 낯설고 위험해 보이고, 특히 자기 몸의 변화에 도무지 적응이 안 되는 시기이기에 친구와의 공통점을 의식적으로 찾아 그걸 소중히 여기게 된다. 친구보다 편한 사람은 없다. 친구와 같이 있으면 자기 자신이 될 수 있고, 아무에게도, 심지어 부모님한테 털어놓지 못하는 속내도 친구에게는 이야기한다.

그 시절의 우정은 깊이와 의미가 달라진다. 친구는 같이 수업을 빼먹고 슬플 때 위로해주고, 은밀한 비밀을 주고받고, 고통을 나누는 존재다. 매력과 동맹과 편애의 복잡한 게임이 시작된다. 갑자기 소속된 왕국이 둘로 늘어난다. 부모님의 사랑이 가득한 안전의 왕국, 그리고 자기들만의 언어와 법과 공모와 고통과 위트와 희열을 가진 집단의 왕국.

무리에 끼기 위해 치러야 했던 온갖 인증시험들이 생각난다.

재미없었던 건 아니지만 겁도 나고 위험하기도 했다. 3미터 높이에서 다이빙하기, 숲에 직접 오두막을 짓고 하룻밤 자기, 독이 든 식물을 날것으로 먹기, 불평 없이 집단의 위계를 받아들이기, 갈대 담배 피우기……. 함께 저지른 모험의 기쁨과 고통, 끊이지 않던 수다와 웃음, 상상과 현실의 혼재. 그 모든 것은 혼란스러운 불안을 피하지 않고 맞서기 위한 노력이었다. 궁금한 게 너무 많았고 이해 못할 일이 너무 많았으며 한 인간이 되어가는 기쁨이 너무 컸고 확인받고 싶은 욕망이 너무 강했다.

"너도 그래?"

"응, 나도 그래."

걸핏하면 친구들과 손을 잡고 집 밖을 싸돌아다니지 않았다면 나는 넘치는 감정과 감각을 소화하기 힘들었을 것이다. 특히 내 귀에 대고 "나도 그래"라고 속삭이던 두 남자아이가 생각난다. '나도 그래. 애들이 놀릴까 봐, 애들이 나만 따돌릴까 봐 나도 겁이 나. 나도 날 못 믿겠어. 나도 엄마 아빠한테 거짓말했어. 나도 키스를 어떻게 하는지 모르겠어. 나도 심심해.'

한편으로는 무리에 속하고 싶다가도 또 한편으로는 무리와 다른 나만의 개성을 갖고 싶었기에 우리는 끝없이 긴장하고 고민했다. 이해하기 힘든 게 너무 많았고, 그랬기에 마음을 나눌 친구가 필요했다. 살다 보면 더 멀리 좀 더 앞으로 나아갈 것이며, 항상 새로움이 더해지리라 믿었다. 우리는 함께 세상 끝까지 가고 싶었다.

정원에서 함께 풍뎅이를 잡고 유리병에 올챙이를 모으고 다락에서 낡은 옷을 뒤지고 밴드를 결성하던 시절은 지나갔다. 밴드의 싱어가 되어 노래를 부르던 그 순간 나는 얼마나 행복했던가. 이제 이 나이가 되고 보니, 우리를 이어주는 것들도 많이 달라졌다. 모두가 하나쯤 사랑하는 것을 잃었고, 우리의 공간이 부재와 상실과 무상으로 가득하다는 깨달음, 이제는 그 공허한 진실이 우리를 하나로 이어준다.

"다 지나갔다."

이 마법의 주문을 들으면 내 마음은 울적해지고 가벼워지고 즐거워진다.

남녀의 우정

나는 어릴 때부터 남자아이들과 자주 어울렸다. 그런 내가 걱정스러웠던지 어느 날 아버지가 말씀하셨다.

"남녀 사이에 우정은 불가능해."

그땐 불가능했을 수도 있다. 남자와 여자가 친구가 되려면 같은 눈높이에서 서로를 마주 봐야 할 테니까 말이다. 우정은 권력의 격차를 참지 못하는 법이다. 그러나 요즘은 많이 달라졌다. 수많은 설문조사 결과를 봐도 이성 친구가 가능하다고 생각하거나 실제로 이성 친구와 우정을 나누고 있다고 대답한 비율이 50퍼센트에 달한다.

나의 대답 역시 '가능하다'이다. 새로운 것을 발견하고 서로의 비밀을 지켜주며 은밀한 동경을 나누고 마음의 갈등과 모순을 지켜봐주는 남녀의 동맹과 공모가 절대적으로 가능하다고 나는 확신한다. 남녀가 친구가 되기 위해 많은 것이 필요치 않다. 같은 음악에 감격하고 같은 노랫말에 눈물을 흘리기만 해도 충분하다. 그러면 어느 순간 모든 차이를 뛰어넘어 의심할 바 없는 우정이 싹트는 순간이 온다.

이상하게 하루 종일 하는 일마다 꼬이는 날이 있다. 직장에서 정신없이 바쁜데 컴퓨터까지 먹통이 되고 억지로 입은 정장 때문에 숨이 턱 막힌다. 퇴근길에도 스트레스가 머리끝까지 치솟는다. 이럴 때 우리의 마음을 다시 차분하게 가라앉힐 수 있는 이는 친구뿐이다. 친구가 무심히 툭 던진 우스갯소리는 막혔던 숨통을 틔운다. 그럴 땐 친구가 남자인지 여자인지는 전혀 중요치 않다.

경험상 친구는 친해지면 친해질수록 애인 후보 리스트에서 점점 멀어진다. 이유는 간단하다. 사랑을 나누기엔 서로에 대해 너무 많이 아는 것이다. 낭만적인 사랑을 나눌 때와 달리 친구와 같이 있을 땐 잘 보이기 위해 애쓰지 않는다. 약하고 맹하고 약간 머저리 같은 모습도 여과 없이 보여줄 수 있고 애인과는 하지 못할 이야기도 서슴없이 나눌 수 있다.

사회심리학 박사 하이디 리더 Heidi Reeder는 그 이유로 우리가 친구를 '안전한 장소 safe place', 즉 남녀가 동등하게 만나는 안전지

대로 생각하기 때문이라고 주장했다. 친구와 함께 있을 땐 '그냥' 존재할 수 있다. 고단한 시나리오도, 이상형도, 낭만적인 드라마도 필요 없다. 조건이 붙지도, 배타적일 필요도 없다. 애인은 동시에 둘이나 사귀면 곤란하지만 친구는 동시에 여럿을 사귀어도 아무 문제가 없으니까 말이다.

샌타바버라에서 강연을 앞두고 있을 때였다. 새벽 세시에 노크 소리가 났다.

"나야. 리하르트!"

이튿날 있을 내 강연을 들으려고 리하르트가 수천 마일을 달려온 것이다. 나는 평생 그 새벽을 잊지 못할 것이다. 나의 긴장을 풀어주고 힘을 실어주기 위해 새벽길을 달려온 친구의 고요한 숨소리를 들으며 행복했던 그 시간을.

남녀의 우정도 결국엔 사랑의 한 형태다. 섹스는 나눌 수 없겠지만 그보다 더 아름다운 영혼을 나눌 수 있는 사랑이다. 아마 나이가 들면서 우리가 더 유연해지고 더 온화하며 더 냉철해진 덕분일지도 모른다. 성급한 욕망은 잦아들고, 내 곁에 있는 것들을 즐기기 위한 리듬은 느려지고 깊어졌기 때문일지도 모른다. 그러기에 히죽 웃으며 던진 "그럼 이제부터 섹스 이야기를 해볼까?"라는 친구의 농담도 허물없이 받아줄 수가 있는 것이다.

또 다른 격의 없는 친구인 니콜라스와 나는 50년 지기 친구이자 결혼한 적이 있는 사이다. 하지만 사랑보다는 우정이 우리에게 더 행복한 선택이라는 깨달음을 얻고 헤어졌다. 지금 우리의 우정은 깊은 결속을 바탕으로 하고 있다. 어딘가에는 해묵은 사랑이 아직 남아 있을지 모른다. 그렇지만 나와 니콜라스는 각자 그 사랑을 잘 정리해서 봉인해두었다. 지금껏 우리가 좋은 관계를 유지할 수 있었던 이유는 서로의 인생에 대해 인간적인 관심으로 삶의 가치를 존중해왔기 때문이다.

니콜라스와 나는 자주 산책을 한다. 드넓은 초원을 가로질러 끝없이 걷는다. 둘 중 하나가 "이제 그만 돌아가자"고 말하기 전까지 하염없이 걸으며 대화를 나눈다. 우리가 지금도 서로의 영혼을 그득 채워주고 있다는 사실은 우리의 열띤 대화에서 특히 잘 느낄 수 있다. 우리는 최근에 읽은 책이나 최근에 본 영화, 성경의 한 구절을 두고 열띤 토론을 벌인다. 때로 토론에 너무 빠져들어 주변에 사람들이 있다는 사실도 까맣게 잊는다. 그런 우리를 보며 사람들은 무척 재미있어 한다.

내가 지금처럼 많은 사람들 앞에서 말을 잘하게 된 것도 따지고 보면 그와의 토론 덕분이라고 할 수 있다. 예전엔 사람들 앞에만 서면 얼굴이 발개져서 "에……", "음……", "그러니까……"만 반복하며 버벅거렸다. 지금은 아무리 청중이 많아도 당당하게 말할 수 있다. 앞으로도 당연히 그럴 수 있을 것이다. 지금처럼 가볍게, 뜨겁게, 느긋하게.

● 2장

관계의 무게가 변할 때

어른의 우정 *

누가 내 삶의 중요한 사람인가

　어른이 되면 우정의 무게가 변한다. 우정의 표현 방식은 전과 다름없지만 이제는 조금 더 어른스러워져서 자신이 만든 왕국의 문도 활짝 열 줄 안다. 친구는 내 공간을 허락할 수 있는 사람이다. 친구는 우리 집에서 자고 가도 된다. 친구는 나와 같이 밥을 먹을 수 있고 내 책과 악기를 빌려갈 수 있다. 친구에게는 나의 온갖 레시피를 대방출한다. 그 답례로 친구는 다시 자기만의 비법을 숨김없이 털어놓는다. 자전거 수리하는 법, 채식주의자로 그릴 파티를 견디는 법, 나무집 짓는 법, 잊기 힘들 만큼 근사한 차를 끓이는 법, 시가 피우는 법, 선반 짜는 법, 컴퓨터 고치는 법…… 나 역시 그 모든 것을 친구에게서 배웠다.
　중년으로 접어들면 더더욱 우정의 방식이 달라진다. 감각은 예민해지고 뉘앙스는 섬세해지기에 우정도 더 신중해진다. "친구와 구두는 많을수록 좋다"며 오는 친구 안 막고 가는 친구 안 붙들던 시절은 지나갔다. 이제는 선택과 깊이, 신중한 만남이 필요한 시간이다.

"누가 내 삶의 중요한 사람인가?"

점차 자신의 힘이 깊이를 더하고 밀도를 얻기에 이 질문이 결정적인 기준이 된다. 그리고 이어서 더 섬세하고 명확하며 신중한 고민이 뒤따라온다. 우리는 서로에게 도움이 되는가? 무엇이 우리를 이어주는가? 우리는 어떻게 서로를 고무할 수 있을까?

나는 친구란 서로를 똑똑하게 만들어준다고, 적어도 어리석은 상태에 머물게 하지는 않는다고 생각한다. 친구와 함께하면 안전하고 보호받고 있다고 느끼면서도 새로운 것을 경험할 수 있기에 좁은 생각의 감옥에서 과감하게 뛰쳐나올 수 있다.

우정이 깊어지면 우리는 많은 것과 작별을 나눈다. 시간이 무한하지 않다는 사실을 깨달으면 더 중요한 것에 남은 시간을 쏟고 싶기 때문이다. 이 시기가 되면 대부분 친구가 줄어든다. "그건 싫어", "그건 내 힘에 부쳐", "그건 너무 얄팍해." 버리고 선택하여 우정의 농도와 깊이를 더한다. 영혼이 비슷한 사람과 함께하고 싶기 때문이다. 느슨하고 짧은 만남 대신 오래 함께할

이제는 선택과 깊이,
신중한 만남이 필요한 시간이다.
"누가 내 삶의 중요한 사람인가?"

수 있는 진정한 관계를 바라게 되며, 그를 위해서라면 설사 부담과 책임이 따른다 해도 겁내지 않는다. 남은 시간을 더는 허비하고 싶지 않기에 더 선택적이고 까다로워진다. 우연한 만남의 낭만은 냉철한 계산에 자리를 내어준다.

시간이 갈수록 더욱 자주 묻게 된다. 힘들고 어려울 때, 병들거나 외로울 때 누가 내 옆에 있어 줄까? 온 세상이 날 버려도 끝까지 나를 지켜줄 이가 누구인가? 한밤중에 찾아가 초인종을 누르고 "문 열어. 나야"라고 말하면 바로 침대에서 벌떡 일어나 문을 열어줄 이가 누구일까? 이런 식의 선별과 절제된 시간 관리가 우리의 모든 활동 반경으로 퍼져나간다. 손을 쓸 때도, 머리를 쓸 때도, 공부를 할 때도, 종교 활동을 할 때도 우리는 선택하고 절제한다. 시간이 얼마 남지 않았으므로 일분일초도 낭비할 수 없다는 사실을 본능적으로 느낀다. 그러기에 이 시기가 되면 우리는 우정의 리듬을 예전보다 더 즐기기 시작한다.

곁에 있는 사람이
점점 더 소중해진다

내가 우정을 깊이 있게 들여다볼 수 있게 된 건 다 친구들 덕분이다. 하던 일을 멈추고 가만히 있으면 이런 생각이 든다. '이 그림, 이 레시피, 이 책, 이 조각상, 이 블라우스, 이 머플러는 친구가 준 거야. 우리 집에는 크고 작은 우정의 흔적들이 그득해.' 수많은 이야기들이 날 보며 크게 외친다.

"이거 기억나?"

저녁에 일을 마치고 집으로 돌아오면 누군가 나를 기다리고 있는 기분이 든다. 친구들뿐 아니라 그들이 준 선물도 어느새 친구가 되어 내게 말을 걸기 때문이다. 항상 조용히 곁을 지키는 이 선물들 덕분에 항상 감사하는 마음이 든다.

"널 생각해. 널 보고 있어."

선물들은 각자의 방식으로 이런 말을 전하는 따뜻한 이들이 존재한다는 증거다. 그들의 선물과 몸짓이 내게 선사한 것은 감사의 마음만이 아니다. 함께 나눈 깨달음이다. 아직 우리가 살아 있다는 깨달음, 우리의 삶이 유한하다는 깨달음.

많은 친구들이 떠났다. 그럴수록 지난 이야기를 떠올리고 싶은 충동이 솟구친다. 그들을 통해 얼마나 많은 것들이 가능해졌는지 이제야 느끼기 때문이다.

오래된 친구는 최근에 만난 친구와 다르다. 유한성의 의미가 훨씬 더 마음에 와닿기 때문이다. 유한성이란 언젠가 모든 것이 끝난다는 의미만이 아니다. 유한성은 우리의 가능성이 제한적이며, 우리에겐 한계가 있고, 무엇보다 스스로에게나 친구에게거는 기대도 한계가 있다는 사실을 받아들여야 한다는 뜻이다.

우정의 유한성은 앞으로 발전해갈 우리의 이야기에 우리가 보탤 수 있는 부분이 매우 한정적이라는 사실을 일깨운다. 그 사실을 아는 것도 지혜의 일부다. 죄, 실수, 오해, 실패를 깨닫고, 나아가 자신과 타인의 실수와 태만과 부당함에 관대해지는 그런 지혜 말이다. 그러자면 자기만 옳다는 계산법 대신 자기평가와 자아비판이 필요하다. 그래야만 그들이 우리에게 어떤 의미인지 깨닫고 지금보다 더 신중하게 그들을 대할 수 있을 것이다.

어쩌면 상대가 어떤 사람이고 무엇을 할 수 있으며 내게 얼마나 소중한지, 우리의 우정을 위해 얼마나 많이 기여했고 또 지금도 하고 있는지 인정할 수 있기에 더욱 다정해질 수 있을 것이다. 그것은 '아직까지의 행복'이다. 아직까지 우리는 같이 있고, 아직까지 함께 웃으며, 아직까지 살아 있고, 아직까지 사랑한다. 모든 우정이 살지 않은 삶, 삶이 될 수 있었으나 놓쳐버린 것의 포기이기도 하다는 사실을 잊지 않으면서 말이다.

정반대도 가능하다. 이제는 의무와 성과의 틀에 매여 있지 않기에 새로운 여지가 생겨난다. 이런 깨달음은 새로운 자유의 가능성을 열어준다.

"깜짝 놀랄 만한 특별한 우정을 경험해볼 수 있을 거야."

지금까지의 우정이 선사했던 경험과는 다른, 그동안 숨어 있던 내 안의 새로운 면모를 발견할 수 있을지도 모른다. 이제 우정은 우연의 게임이 아니라 결단의 결과가 된다.

어떤 여성은 이런 말을 한다.

"요즘도 친구들은 자주 만나요. 여전히 같이 산책도 하고 수영도 하고 극장도 가고 밥도 먹는답니다. 다만 예전과는 다른 이야기를 나눠요. 놀랍게도 우리 입에서 '그럼에도 불구하고', '지나갔다'라는 말이 참 많이 튀어나옵니다. 예전에는 여행과 일, 남자 이야기가 대부분이었다면 요즘엔 상실과 아직 남은 행복, 가족을 돌보는 일과 불안을 이야기합니다. 이젠 여행이니 남자니, 그런 건 중요하지 않아요. 누가 지금 이 나이가 되도록 남자 찬가를 듣고 싶겠어요?"

지금의 우리는 다른 문제를 고민한다. 허무의 블루스나 해묵은 유행가 가사에 울컥 눈물이 솟구칠 때면 토닥토닥 등을 쓸어주는 따뜻한 손이 있어야 울음이 멎는다. 아무 말 없이 나란히 앉아 타닥타닥 불꽃이 튀는 모닥불을 바라보면서 바람 소리에 귀 기울이는 것보다 평화로운 게 있을까? 그런 순간은 남은 시간을 예감하게 한다. 다시 어린아이의 눈으로 세상을 바라보며 그때처럼 감탄사를 연발할 수 있다면 가끔은 시간도 걸음을 멈출 것이다. 휘둥그레진 눈으로 모닥불을 쳐다보면서 한없이 시간이 확장되던 그때처럼 말이다.

이제 우정은 사랑처럼 결단이 된다. 그 결단을 생명으로 채우고 정성으로 가꾸며 따뜻한 온기로 덥혀야 한다. 때로 고단할 수도 있는 일이다. 그러나 우정은 참고 견디는 것이다. 진짜 친구에게만 말할 수 있다. "까먹었어", "오늘은 진짜 안 나가고 싶어." 친구는 참아준다. 친구는 똑같은 투정과 하소연을 백번 반복해도 참고 들어준다. 그러자고 친구가 있는 것이다. 서로를 부축해주고 건망증도 농담으로 웃어넘기는 사이. 이런 보살핌과 돌봄이 없다면 다시 확신을 품고 앞으로 나아가기 힘들다.

친구는 눈물을 닦아주고 아픔을 어루만진다. 물론 위로의 순간은 잠시뿐이지만 그 잠시로 인해 우리는 다시 회복할 수 있다. 친구가 아니라면 누구에게 우리의 감정과 슬픔을 털어놓을 수 있을까? 친구에게 하소연하며 우리는 깨닫는다. '난 혼자가 아니야.' 이것만으로도 비극의 무게와 암울한 기분이 훨씬 줄어든다.

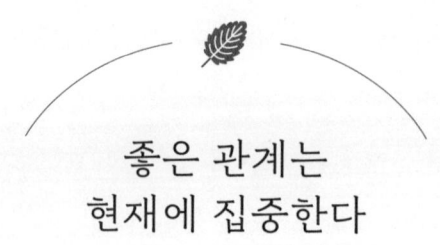

좋은 관계는
현재에 집중한다

벌써 30년째 알고 지낸 친구 올가가 '거위 엄마'가 되었다. 이런 깜짝 사건이 주는 매력은 우리가 골치 아픈 인생 때문에 고민하기보다 새끼 거위의 행복에 더 신경을 곤두세우게 된다는 점이다. 그날 이후 우리의 대화 주제는 딱 한 가지였다. 거위 야코프. 야코프는 어찌나 예쁘게 생겼는지 보고만 있어도 기분이 좋아졌다. 처음 볼 때부터 너무나 사랑스럽고 온순하고 영리했다. 우리는 녀석 덕분에 행복한 시간을 보냈다. 이 나이에 아기라니, 둘 다 기분이 날아갈 것 같았다. 하지만 그 행복도 며칠 가지 못했다. 야코프가 혼자인 게 문제였다. 사람을 너무 따르다보니 한시도 떨어지려고 하지 않았다. 야코프에게 친구가 필요하구나! 그래서 우리는 일단 모르모트 몇 마리를 데려왔다.

그런데 언젠가부터 야코프의 동물 정체성에 문제가 생겨 자기가 거위인지 모르모트인지 모르는 상태가 되자 우리는 냉혹한 현실을 받아들이지 않을 수 없었다. 야코프를 형제자매가 많은 거위 대가족에게 입양을 보내고 우리가 보고 싶을 때마다 찾아가서 보기로 했다.

작별하자! 이런 결심은 절로 찾아온다. 그나마 이번 거위 사건은 상대적으로 순탄하게 끝이 났다. 면접권이 있는 작별이니까 말이다. 그리고 야코프 덕분에 우리 사이도 훨씬 가까워졌다. 녀석 때문에 웃고 고민하면서 예전보다 더 막역한 사이가 되었다.

우정에 있어서 추억만, 과거만 탐닉하는 것은 유익하지 않다. 현재의 적극적 경험이 필요하다. 과거로만 향하는 "너 아직 기억나?"라는 질문은 공통의 현재가 없기에 우정의 연대를 질식시킨다. 나이가 들면 친구 사귀기가 힘들다는 말을 많이 하지만 실제 경험에 의하면 그 말에 동의하기 어렵다. 나 역시도 깜짝 놀랄 만한 만남을 많이 목격했다. 심지어 요양원이나 양로원에서 처음 만난 할머니들이 절친이 된 경우도 많다.

내가 양로원에서 만난 세 할머니는 매일 오후 1층 로비에서 만나 수다를 떨고 저녁이면 같이 게임을 했다.

"아그네스와 우테를 안 만났으면 어떻게 살았을지 모르겠어.

함께하면 우리는 천하무적이야."

　셋 중 가장 연장자인 할머니가 말했다. 한 명은 살짝 치매가 있지만 깜빡깜빡할 때마다 다른 두 사람은 누가 누가 제일 잘 까먹는지 내기를 하자며 웃어넘긴다. 나이가 선사한 성숙함은 다시 어린아이처럼 편견 없이 서로를 대할 수 있는 기회를 준다. 더 이상 능력이나 외모를 입증해보일 필요가 없으므로 나이가 들면 온화해진다. 상대의 부당한 행동 때문에 아침을 망칠 수는 있어도 예전처럼 점심까지 망치지는 않는다. 상대의 마음에 들려고 기를 쓰지도 않는다. 그것이 불가능에 가깝다는 사실을 이미 알기 때문이다.

　하지만 나이가 들면 '눈 가리고 아웅' 하는 행태를 도저히 참고 넘길 수 없으므로 더욱 과격해지기도 한다. 물론 그렇다고 해서 젊었을 때처럼 욱해서 사고를 치지는 않는다. 분노에도 깊이가 생기기 때문이다. 우리는 살면서 너무 많이 틀렸고 너무 자주 균형감각을 잃었다. 그러기에 이제는 내가 틀렸고 상대가 옳다고 인정할 줄도 알게 된다. 무슨 일이 있어도 내 뜻을 관철할 이유는 없으므로 더 관대해지며, 저승사자가 저기 서서 기다리고 있다는 사실을 알기에 더 용감해진다. 이젠 잃을 것이 많지 않다. 보잘것없는 인간이라고 해도 사는 데 큰 지장이 없다는 것을 잘 알기 때문에 괜히 잘난 척하거나 있는 척하지도 않는다.

그렇게 얻은 평정심과 용기는 새로운 우정의 길을 열어준다. 실제 65세 이상 여성의 절반가량이 혼자 산다. 2009년 심리학자 호르스트 하이드브링크Horst Heidbrink의 연구 결과를 보면, 70~80세 여성 중 3분의 1이 사별한 후 재혼하지 않았다. 그러니 통계만 보면 하나의 파트너에 목을 맬 것이 아니라, 최대한 우정의 그물망을 넓게 짜는 편이 훨씬 현명할 것 같다. 새로운 끈을 묶는 것이 힘들고 고단하겠지만 세상 모든 우정이 어린 시절에 맺어지는 것은 아니다. 오랜 우정의 친숙함은 없다 해도 새 우정은 더 자유롭고, 묵은 역할과 습관이 지우는 부담도 덜하다.

오랜 친구와 달리 새 친구는 세밀한 관찰로 새로운 나를 발견하게 해줄 수 있다. 오랜 친구는 지금의 판단에 자만하기 쉽다. 친구에 대해서라면 모르는 게 없다고 확신하기에 오히려 그 친숙함이 눈을 가리는 것이다. 새 친구는 서로에게 더 많은 것을 개방한다. 새로운 미래로 함께 걸어가면서 서로를 더 초롱초롱한 눈으로 바라볼 각오가 되어 있다. 얼마 남지 않은 시간 역시 우정에 새로운 색과 관점을 선사한다. 예전보다 중요한 것에 더 많은 시간을 투자하는 것이다. 중요한 것을 잊어서는 안 되기 때문이 아니라 중요하지 않은 소소한 것 뒤편에 중요한 것이 숨어 있는 경우가 허다하다는 사실을 깨달았기 때문이다.

전형적인 예를 들어보자. 상대가 약속 시간에 늦어서 벌컥 화를 낼 때 우리는 훨씬 중요한 것을 잃을 수 있다는 사실을 미처 깨닫지 못한다. 화를 내는 순간에는 신뢰와 상호 존중이 위태로워질 수 있다는 것을 깜빡한다. 상대가 나의 초대를 거절했다고 해서 심하게 마음에 상처를 입을 때도 마찬가지다. 곰곰이 생각해보면 그것이 과거에서 떠밀려와 현재를 어지럽히는 지난 아픔의 회상이란 것을 잘 알 수 있다. 그러기에 소소한 것에 연연하지 않고, 중요하지 않은 것 뒤에 숨은 중요한 것을 찾아낼 수 있는 것이다.

양로원으로 걸어가면서 두 친구가 대화를 나눈다.

"주말마다 우리가 싸워. 넌 알았어?"

다른 한쪽이 대답한다.

"그럼 언제 싸워? 주중에는 바빠서 싸울 시간이 없는데."

맞다. 그렇게 볼 수도 있는 것이다.

새로운 우정의 아름다움은 품위를 간직할 수 있다는 데 있다. 우리는 더 자유롭고, 자신감이 넘치며, 관조적이 된다. 잘난 척하지 않아도 자신을 존중할 수 있고 예민하게 굴지 않고도 균형을 맞출 수 있다. 자기연민을 떠나 독립의 자세로, 무엇보다 유머로 저울의 추가 이동한다. 유머가 있으면 속이 좀 상하더라도 결국 웃음으로 넘길 수 있다. 아니 웃을 일이 없어도 웃는다.

삶이란 절반의 성공과 절반의 실패라는 걸 잘 알기 때문이다. 그러니 무엇이 남을까? 자신이 제일 잘할 수 있는 것을 하면 되는 것이다. 하고 또 하고 계속하면 되는 것이다.

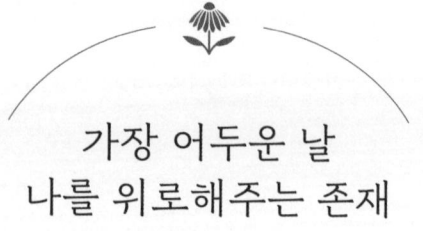

가장 어두운 날
나를 위로해주는 존재

"정말 이상해요. 오랫동안 가깝게 지낸 친구들이 갑자기 얼굴 보기도 힘들고 연락도 통 안 해요."

건강할 때는 하루가 멀다 하고 연락하던 친구들인데 자신이 병들고 나니 코빼기도 안 보인다고 지인이 하소연을 한다.

우정의 진가는 위기가 닥쳐야 알 수 있다. 화창한 날씨에만 나를 찾는 친구인지 비가 오고 우박이 쏟아져도 곁을 지키는 친구인지가 그때 확연하게 드러난다. 실제로 요즘에는 위로와 지지를 받으려면 친구 대신 전문가를 찾아야 하고, 일상적인 위로가 그리워 돈을 지불하며 상담을 받기도 한다. 이 시대의 위로는 구하기 힘든 희귀품으로 변해버렸다. 질병과 상실과 고통은 세상과 거리를 두고 고개 돌려 내면으로 도망치는 개인의 책임이 되어버렸다. 지금 우리가 사는 세상은 어려울 때 서로 돕는 것이 당연하다고 생각하던 곳이 아니다. 세찬 바람을 맞고 서서 그야말로 공감과 지지가 절실한 사람도 쉽사리 도움을 얻지 못한다.

물론 우정도 사랑도 병을 치료할 수는 없다. 하지만 누군가 벼랑 끝에 몰렸을 때 우정이 던져준 구조의 밧줄이 그에게 큰 힘이 될 수 있다. 세상 어떤 의사도 다정의 힘을 처방해줄 수는 없으며, 어떤 약도 친구와 같은 효과를 낼 수는 없다.

때로는 다가가지 않고, 한발 물러서서 지켜보는 것이 더 위안이 될 때가 있다. 너무 힘들어하는 사람에게는 사실 어떤 말을 해야 할지, 어떻게 해줘야 할지 알 수 없다. 그저 조용히 가만히 있는 것이, 멀리서 그를 위해 기도하는 것이 진정한 우정일 수도 있다.

병든 사람을 피하는 심정도 이해는 간다. 전염병이라면 옮을 수도 있고, 또 만나봤자 할 말이 없을지 모른다. 그러나 환자에게는 사람들의 그런 반응이 상처와 아픔이 될 수 있다. 사실 그런 태도는 환자를 외면한 당사자에게도 도움이 안 된다. 예의를 지킨다거나 존중한다는 말로 포장하고 싶겠지만 그건 비겁한 행동일 뿐이다. 친구가 힘들 땐 평소의 우정만으로는 충분하지 않다. 마음을 어루만져줄 인간성과 따뜻한 손길이 절실한 시간이다.

가만히 생각해보면 사실 참 간단하다. 상대의 삶에 머무르기만 하면 된다. 물론 평소보다 조금 더 신중하게 행동한다면 그보다 더 좋을 수 없을 것이다. 이 작은 몸짓과 눈빛이 큰 차이를 만든다. 들어주고, 안아주고, 나란히 앉아 음악을 듣고 이야기를 나눈다.

내게도 잊을 수 없는 장면이 하나 있다. 대학 시절 친구가 아파 누워 있는 나를 찾아와 그 퉁명한 말투로 말했다.

"입 닥치고 이제부터 아무것도 하지 마. 머리 굴리지도 말고 걱정하지도 말고."

그의 호통은 내게 꼭 필요한 말이었다. 한순간도 가만히 있지 못하던 내겐 축복 같았다. 무뚝뚝하지만 사랑을 담은 손길로 그는 내 손에서 고삐를 앗았다. 덕분에 나는 그의 손에 나를 맡기고 아무것도 바라지 않고 아무것도 재지 않으며 세상만사를 그냥 내버려두었다.

친구는 친구일 뿐이다. 의사도 심리치료사도 아니다. 그러기에 혹독한 시간일수록 우정도 본능이나 욕망이 아니라 배우고 훈련해야 한다는 사실을 깨닫게 된다. 상대가 무엇을 바라는가? 어떻게 해야 위로가 될까? 얼마나 다가가야 할까? 일상적인 안부만 전하는 사이에 그쳐야 할까? 아니면 더 다가가 그를 꼭 안아줘야 할까? 어려운 시절일수록 우정의 잠재력이 더 확연히 드러난다. 나의 우정은 영혼이 영혼에 내민 손짓이 될 수 있을까? 보통의 시간을 넘어선 위로의 몸짓이 될 수 있을까? 이 위로의 몸짓에서 우리는 앞으로 나아갈 수 있는 의욕을 길어낸다.

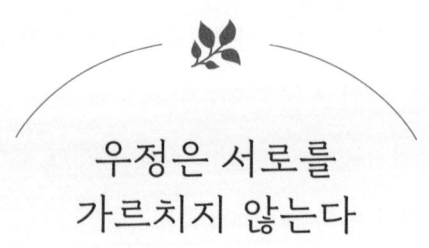

우정은 서로를
가르치지 않는다

가을이 왔다. 발이 시리다. 날씨는 점점 더 차가워지지만 오히려 의욕이 넘친다. 치즈를 만들 때가 돌아온 것이다. 내 친구 외르크가 도와줄 예정이다. 그를 생각하니 의욕이 더 샘솟는다. 나는 이웃 마을 농부에게 가서 우유를 받아온다. 그다음 부엌을 깨끗하게 정리한다. 모든 것이 반짝반짝 빛이 나면 머리카락을 하얀 머리망에 싹 집어넣고 큰 앞치마를 두른다. 부엌이 마법에 잠기는 이 시간을 여름 내내 얼마나 기다렸는지 모른다. 외르크가 데운 우유에 박테리아를 넣고 특유의 섬세한 몸짓으로 부드럽게 젓는다. 거기에 치즈를 응고시키는 효소인 레닛을 넣으면 첫 번째 단계는 끝난다. 이제는 기다림의 시간이다.

외르크가 함께해서 얼마나 좋은지 모른다. 어려움에 빠진 친구를 구하는 도움이 아니라 풍요로움을 더하는 도움의 손길이어서 더욱 좋다. 끝없이 이야기를 나눌 수 있을 뿐 아니라 함께 힘을 모아 멋진 결과물을 만들 수 있는 친구가 있어 정말로 행복하다.

그에게서는 여유를 배울 수 있다. 그가 부엌에 들어서는 순간 속도가 느려지고 그의 동작은 우아한 아라베스크 동작이나 온화한 음악처럼 부드럽게 흐른다. 혹여 실수로 우유가 흘러넘쳐도 어깨 한 번 으쓱하면 그뿐이다. 중요한 건 우리가 함께 아름다운 시간을 보낸다는 것이다. 그의 눈에는 나의 일상이 미친 짓이다. "좀 늦으면 왜 안 되는 거야?", "왜 항상 계획을 짜야해?" 그는 늘 내게 다그치듯 묻는다. 그의 말이 옳다. 좀 늦으면 삶이 벌을 줄까? 정말? 혹시 스스로 내린 벌은 아닐까? 그는 우리 둘 다 속도를 좀 줄여보자고 제안한다. 세상 사람들은 고개를 갸우뚱할지 몰라도 덕분에 나는 그의 곁에 있으면 마음이 편안해진다.

그사이 레닛 덕분에 우유가 굳었다. 만지면 제법 저항감이 느껴진다. 이제 '치즈 하프'를 쓸 차례다. 이름은 하프지만 악기가 아니라 응고된 치즈를 바둑판 모양으로 자르는 도구를 말한다. 나는 외르크에게 치즈 하프를 솥에 집어넣어 치즈를 젓는 법을 보여준다. 우리는 거름망에 면포를 올리고 치즈 덩어리를 부어 유청을 뺀다. 완성이다. 유청이 다 빠진 후 꼭 짜면 된다. 정원에서 딴 허브를 조금 섞으면 맛이 더 풍성해진다. 우리는 기쁨과 자부심에 환호성을 지른다. 외르크가 워낙 식욕이 왕성한 친구라 당장이라도 치즈를 다 먹어치울 기세여서 나는 그의 관심을 딴 곳으로 돌리기 위해 치즈가 우리 인간과 얼마나 닮았는지 주절거리기 시작한다. 우리는 저 작은 치즈도 아기가 태어난 것처럼 강보에 소중히 감싼다. 그러고는 틀에 넣어 일정한 모양을 만들고 소금을 치고 잘 보살펴 나중에 시장에 내놓는다.

함께 치즈를 만들 수 있는 친구가 있다는 건 행복한 일이다. 그와는 말하지 않아도 같은 방향의 삶을 추구한다. 그냥 함께하는 게 좋다. 우리는 서로를 가르치거나 고치려고 하지 않는다. 혹 마음에 들지 않는 게 있다면 조용히 말한다. 다음번에 올 때는 우유를 좀 가져와서 같이 만들면 좋겠다고. 오늘은 기분이 안 좋다고. 가만히 있지 말고 같이 거들라고. 그의 옷차림이 정말로 꽝이라고. 나이를 어느 정도 먹으면 굳이 빙빙 돌려 말하지 않게 되고, 남의 눈치를 살피지도 않게 된다. 살다 보면 서로가 못마땅한 순간도 있다. 우리는 그런 순간을 수없이 겪었고 이제는 그저 웃어넘길 줄 안다. 자신도 고칠 수 없는 것을 남이 고쳐줄 수 없다는 사실을 너무나 잘 알기 때문이다.

쓸데없이 상대를 바꾸려 해봤자 시간과 에너지만 낭비한다.

어차피 우리는 이제 좋고 나쁨을 구분할 수 있을 만큼 나이를 먹었다. 그러기에 우리는 쓸데없이 서로를 바꾸겠다고 시간 낭비하지 않고 그냥 함께 있고자 한다. "별수 없지!" 하면서.

3장

우정은
이렇게
시작된다

좋은 관계를 만드는 7가지 조건 *

그저 들어주는
존재의 위로

"넌 할 수 있어", "널 믿어."

그녀는 말한다. 내가 정말 힘들어할 때는 밤에도 들러 차를 우려주고 가만히 내 말에 귀를 기울여준다. 한밤중에 잠옷을 입고 침대에 앉아 전화를 할 때도 많다. 누군가 말할 상대가 있으니 혼잣말을 하거나 쓸데없는 걱정을 하지 않아도 되어 참 좋다. 속마음을 뒤집어 남편에게도 하지 못하는 이야기를 다 털어놓고 나면 스르륵 잠이 온다. 여자들은 그냥 상대의 말을 들어준다. 멸종 위기에 처한 소통의 원형을 가꾸고 보살핀다. 나와 비슷하게 느끼고 함께 소중한 경험을 나누며, 생각이 떠오르는 대로 크게 떠들 수 있는 누군가가 이 세상에 존재한다는 사실이 나는 매우 감동스럽다.

여자들의 우정에는 살짝 청소년 캠프 같은 느낌이 묻어난다. 엄한 부모님과 잘 지내기 위해, 혹은 이제 막 눈뜬 사랑을 위해 에너지를 충전하는 그런 청소년들의 야외 캠프 말이다. 여자들의 우정은 신경질적이고 까탈스러운 남편들을 껌처럼 잘근잘근 씹을 수 있다. 나는 성별이 다르다고 해서 우정을 바라보는 시선도 다르다고 생각하지 않는다. 그럼에도 여성들이 서로를 지지하고 만날 수 있는, 서로를 향한 반향이 가능한 시대를 살고 있어 얼마나 감사한지 모른다.

내가 이끌어온 여성 집단은 지금까지도 이런 확신을 든든하게 뒷받침해주고 있다. 그 친구들은 온갖 다채로움과 활력으로 서로를 향해 마음과 귀를 열면서 여자들끼리 있으면 더 인간적이고 더 친밀하고 더 활기가 넘치며, 숨김없이 모든 것을 털어놓을 수 있고 거침없이 깔깔 웃을 수 있다는 사실을 입증해주었다.

요즘엔 우정이라는 말을 들으면 여성의 우정을 더 많이 떠올린다. 하지만 여성의 우정은 19세기 말부터 조명되기 시작해 역사가 그리 길지는 않다. 그 이전까지 여성은 그림자와 같은 존재여서 문학에서도 소외당했다. 여성이 소설뿐 아니라 학문의 대상으로 떠오르게 된 데에는 공적 공간에 여성이 자주 등장하고 그 결과 여성들의 인간관계가 가능해졌기 때문이다. 그렇게 본다면 여성의 우정 역시 여성 독립의 표현이자 증거라 볼 수 있을 것이다.

일기장을 들춰보면 나의 우정이 현대사와 얼마나 밀접한 관계가 있는지 잘 알 수 있다. 그곳에 과거의 조각들이 빼곡히 적혀 있기 때문이다. "잉그리트와 난생처음 비틀스를 듣고 따라 불렀다", "롤링스톤을 틀어놓고 크리스티나와 몰래 춤을 추었다", "케네디 암살 소식을 듣고 그레텔과 엉엉 울었다", "오일쇼크로 차 없는 일요일에 친구들 몇 명을 실어다 주었다. 나는 기관에 근무하는 덕분에 운행 허가를 받았다", "다이애나 왕세자빈이 사고로 죽던 날 마요르카에서 베아테와 파티를 했다."

여자들의 우정은 남자들에게 수수께끼 같은 것이다. "무슨 할 말이 그렇게 많아?", "지난주 일요일에도 전화하지 않았어?" 남편은 자주 이해할 수 없다는 듯 묻는다. 당연히 남편은 이해할 수 없을 것이다. 여성들에겐 그들만의 대화 문화가 있으니까 말이다. 그곳엔 가벼움이, 무사태평이, 킥킥대는 웃음이 있다. 그곳에선 떨어진 자신감과 불안은 물론이고, 기쁨과 자기 자랑도 안심하고 말할 수 있고, 필요하다면 힘껏 서로를 응원해주기에 푸근한 안도감을 느낄 수 있다.

서로를 필요로 한다는 것이 상대를 이용하거나 착취한다는 뜻은 아니다. 오히려 그곳엔 이런 따뜻한 고백이 있다.

"난 네가 필요해."

이기적 태도를 버리고 방어적 자세도 버리고 친밀하게 다가가는 가장 아름다운 우정의 문장들이 있다. '나 혼자서는 안 돼. 네가 있어야 해. 너의 도움이 필요해.' 그런 고백들은 허약함의 증거가 아니라 위대함과 이웃 사랑의 증거다. "난 네가 필요해"는 자신의 궁핍을 부인하며 자족하는 차가운 독립심의 반대말이기 때문이다.

남편이 대화 파트너 역할을 하지 못하는 곳에서 여자 친구들은 생존에 필요한 구조의 밧줄이 된다. 한 중년 여성은 이렇게 고백한다.

"남편이 회사 여자 동료랑 바람이 났을 때는 정말 미치는 줄 알았어요. 친구가 곁에 없었다면 아마 정신병원에 들어갔을 거예요. 친구가 날 믿어주고 참으라고 용기를 주지 않았다면 벌써 이혼했을지도 몰라요."

다른 여성은 또 이렇게 말한다.

"친구랑 있으면 정말 편안해요. 남편은 내가 힘들고 슬플 때는 별로 도움이 안 돼요. 내가 건강해서 집안을 잘 보살필 때는 문제가 없는데 정작 내가 힘들 때는 남편이 있으면 더 외로워요."

그래서 그녀는 감정 없고 자족적인 남편에게 지지와 도발과 거리두기를 적절히 섞어 잘 대응할 수 있게 도와주는 친구에게 정말 고맙다고 말한다.

친구와의 대화는 심리치료사에게 속마음을 털어놓는 것과 비슷하다. 마음의 소리에 귀 기울여 자신의 감정을 솔직하게 이야기하기 때문이다. 남들이 보기엔 목적도 없고 같은 말만 되풀이하여 연상적이고 직관적으로 보일 수 있다. 그러나 수많은 굴곡과 탈선에도 불구하고 친구와의 대화는 결국 길을 찾아내 보다 큰 맥락에서 사건을 바라볼 수 있게 한다. 황급히 해결책이나 실용적인 조언을 내려고 하지 않고 관심을 가지고 서로의 말을 경청하며, 상대가 문제를 해결할 수 있도록 진심으로 이해하고 협조하기 때문이다. 가끔은 한마디로 충분할 때도 있다. "그럼에도 불구하고 해야지", "넓은 마음으로 네가 이해해." 더 이상 주절주절 설명할 이유가 없다. 친구는 함께 쌓은 시간과 언어를 기틀로 삼아 단번에 내가 하고픈 말을 알아들을 것이다.

좋은 친구는 서로의 말을 들어주고 서로에게 요구한다. 지금도 내 귀엔 경고와도 같던 카린의 그 말이 쟁쟁하게 울린다.

"네가 무슨 결정을 내리건 그게 최고라고 확신해도 좋아. 사람들은 다 자신에게 가장 좋은 결정을 내리거든. 너도 마찬가지야. 그러니 그 일은 잊어버려."

평소 그런 말을 들었다면 아마 곧바로 죄책감을 느꼈을 것이다. 하지만 새 진로를 모색하던 당시엔 힘과 용기를 얻기 위해 그 말이 절실히 필요했다. 왜 그 말이 그렇게 와닿았을까? 내가 하고 싶은 말을 다 할 때까지 조용히 귀 기울여주었기에 그녀가 진심으로 내 심정을 이해하기 위해 노력한다고 느꼈기 때문이다. 그녀는 성급하게 "나도 그래"라는 말로 내 입을 막으며 이런저런 조언을 던지지 않았다. 덕분에 지금껏 보이지 않던 여지가 열리면서 나 스스로 해결책을 찾을 수 있었다.

친구는 서로 닮아가기에 나이가 들면 그 나이에 중요한 질문들을 함께 나눌 수 있다. 인생의 황혼을 어떻게 보내고 싶은가? 새로운 관계를 위해 얼마만큼의 여지를 열어둘 것인가? 이제 곧 몸이 말을 안 들을 텐데 먼 곳을 여행하고 싶은 욕심을 어떻게 다스릴 것인가? 죽음을 어떻게 맞이할 것인가? 몸과 정신이 갑자기 따로 놀면 누구에게 나를 의탁할 것인가? 병들어 몸을 가누지 못한다면 과연 누가 내 곁을 지킬 것인가? 대소변을 못 가릴 처지가 된다면? 죽음이 닥쳤을 때 누가 내 곁을 지켰으면 좋겠는가? 친구들과는 이런 이야기들을 가벼운 마음으로 나눌 수 있다. 당장 저승사자가 눈앞에 나타난 듯 호들갑을 떨거나 천년만년 살 것처럼 고개를 저을 것이 아니라, 죽음도 지극히 평범하고 자연스러운 일로 받아들이게 될 것이다. 해마다 여름이면 마요르카섬으로 휴가를 가는 이 두 친구 사이의 말처럼 말이다.

"이제 여기를 얼마나 더 올 수 있을까? 기껏해야 열 번일 거야. 근데 옷은 뭣 하러 자꾸 사겠어? 오늘 하루 최선을 다해 살면 되지."

둘은 더 이상 먼 미래를 계획할 수 없다는 것이 세상에서 가장 자연스러운 일인 양 서로를 바라보며 깔깔 웃는다. 호들갑도 히스테리도 부리지 않고, 넓은 아량과 이해심으로 얼마 남지 않은 미래를 마치 포장을 풀어야 하는 선물처럼 미소 지으며 바라본다.

여자들의 우정은 가장 풍요롭고, 탄탄한 관계다. 모녀 관계의 연장이라는 주장도 있지만, 서로 자기 인식을 강화하고 자신감을 키우며 용기와 자극을 나눈다는 사실이 훨씬 더 중요하다. 여자들의 우정은 소속이나 단결을 중시하지 않는다. 우리는 친구와 다른 사람일 권리가 있고, 사실 친구가 필요한 것도 바로 그 때문일 테니까.

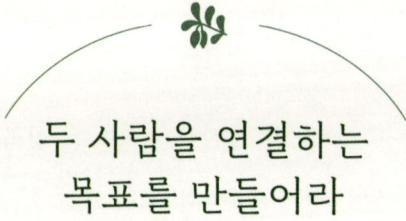

두 사람을 연결하는
목표를 만들어라

우리는 자주 만나 저녁을 함께 먹었다. 그때마다 친구 니콜라스는 자신의 계획과 프로젝트를 들려주었다. 어느 날 그가 문득 말을 멈추더니 노트를 꺼냈다.

"너한테 처음 보여주는 거야." 그가 소리 낮춰 속삭였다. "글을 쓰기 시작했거든."

"뭐? 뭘 쓰는데?"

"소설이야. 그냥 나 혼자 간직하려고."

"나도 그래. 나도 글을 써. 소설도 쓰고 스케치도 하고 만화도 그리고 캐리커처도 그려."

그렇게 시작되었다. 우리는 자신이 쓴 글을 서로 읽어주고 의견을 주고받으며 뜨겁게 토론하기도 했다. 특히 재미난 나의 캐리커처 작품을 공개하는 날이면 서로 깔깔대며 많이 웃었다. 우리는 서로 눈을 찡긋하며 우리의 우정이 '아이'를 낳았다고 좋아했다.

우정이 오랫동안 의미 있고 활력이 넘치려면 공통의 관심사와 목표, 전망이 필요하다. 앞에서 말한 내 친구와 나는 쓴 글을 함께 읽으며 인생관을 나누었다. 우정이란 서로의 감정에 다가가는 것만이 아니다. 우정이란 함께 생산적으로 결실을 맺거나 실현하는 것이다. 이런 말을 하는 이유는 친밀한 감정도 표현과 결실을 얻지 못하면 결국 시간이 지나면서 애정과 즐거움의 깊이가 얕아지고 빛이 바래는 경험을 했기 때문이다.

신학자 풀베르트 스테펜스키Fulbert Steffensky는 이것을 "제3의 것에 담긴 유대"라고 부른다. 공통의 과제와 목표를 추구하고 함께 팔을 걷어붙이고 참여함으로써 유대감이 더 돈독해진다는 뜻이다. 공통의 목표와 과제가 없어서 시간이 갈수록 공허하고 무의미해지는 커플들을 보면 알 수 있다. 아이들이 읽는 동화도 왕자와 공주가 결혼하는 것으로 끝나지 않고 두 사람이 공통의 과제를 함께 풀어나가는 모습을 담아낸다. 가령 아버지의 왕국을 물려받아 함께 다스리는 식이다. 심리학자 에릭 에릭슨Erik Erikson은 이런 노력을 "생성력generativity"이라고 부른다. 계속 발전하려면 그 발전 안으로 발을 들여놓아야 한다. 부부라면 아이를 낳거나 함께 사업을 하거나 프로젝트를 진행할 수 있을 것이다. 친구는 부부와는 달라서 친구만이 나눌 수 있는 관심사와 목표로 활기찬 관계를 유지해야 한다. 마음과 감정은 애당초 소소하고 직접적이고 변덕스러운 것이기에 중심을 잡아줄 더 큰 프로젝트가 완충 작용을 하지 않으면 관계가 오래가기 힘들다.

우정은 사랑과 비슷한 원리를 따른다. 사실 따지고 보면 우정도 사랑의 한 형태다. 친구나 물건, 장소에 끌리는 것도 다 사랑 아닌가? 사랑하는 연인처럼 친구도 최대한 많은 것을 보여주고 싶고 털어놓고 싶다. 우리를 변화시키는 것은 결국 딱 두 가지뿐이다. 사랑과 고통, 이 두 가지만이 우리를 다른 사람으로 만든다. 내가 사랑하는 것은 다른 것과 다르게 취급한다. 아무나 친구가 될 수 없고 아무나 가깝게 지낼 수 없다. 우리는 한정적이고 유한하며 개별적 존재이고, 따라서 저 친구가 아니라 이 친구와 친하게 지낸다. 그렇다면 친구는 개인의 인성을 담은 표현이기도 하다. 친구는 우리가 어떤 사람인지 비추는 거울이며, 어떤 사람이 될지 함께 결정하는 사람이다.

친구를 향한 사랑이 친구를 사랑스러운 사람으로 만든다. 다시 말해 그들의 어떤 특성이 사랑스러운 것은 그들과 우리의 관계 때문이다. 그 사실은 우리가 각기 다른 태도로 친구를 대하고 다르게 생각하게 되는 이유를 설명한다. 모든 친구가 우리

인성의 다른 측면에 말을 걸기에 어떤 친구를 만나면 나도 모르게 진지해지고, 또 어떤 친구를 만나면 자동으로 농담을 하며, 다른 친구를 만나면 어느 틈에 실리적인 태도로 사사건건 재고 따지게 된다. 친구를 사랑한다는 것은 친구를 더 잘 알고 싶다는 의미에 그치지 않는다. 친구를 잘 알아서 자신은 물론 친구도 함께 성장하자는 의미다.

인생의 달콤한 면만 즐기려는 친구들, 자신과 자신의 안위만 생각하는 친구들, 우정의 반경이 자신을 넘어서지 못하는 친구들과의 관계는 금방 따분해질 것이고 세상과의 연결고리도 희미해진다. 세상에서 자신들의 우정이 차지하는 자리를 깨닫지 못할 것이고 더 큰 맥락을 파악하지 못할 것이다. 자기들끼리만 똘똘 뭉쳐 있는 친구들은 서로를 향한, 세상을 향한, 그들을 외쳐 부르는 대상들을 향한 에로틱한 관계 역시 잃고 말 것이다. 물론 자기들끼리 충돌하거나 갈등을 겪을 일은 별로 없겠지만 어떤 일에 애정을 갖거나 흠뻑 빠질 능력이 없을 테니 시야가 좁아질 것이다. 자기들끼리만 보고 살 테니 이 우정이 행복하다고 스스로를 속일 것이다. 사실 알고 보면 그들의 바람 역시 우정을 통해 고독과 외로움을 떨쳐버리고 새로운 삶으로 들어가는 것이다. 그렇지만 단지 맛집을 찾아다니고 바람 한번 쐬면서 잠시 일상을 잊기 위해 만나는 관계라면 우정은 빛이 바래고 결실을 맺지 못할 것이다.

우리의 감정은 제한적이다. 게다가 유목민처럼 이리저리 방랑한다. 그러니 세상과 사물을 향해 창문을 활짝 열어야 한다. 자신을 넘어서는 이 열린 마음이 우리를 하나로 묶어주고 서로를 더 똑바로 볼 수 있게 만든다. 그것이 자신과 타인을 더 넓고 깊은 사람으로 만든다. 물론 함께 힘을 합쳐 제3의 것을 이루려면 먼저 서로를 좋아해야 할 테지만 순서를 바꾸면 더 많은 것이 가능해진다. 함께 이뤄낸 제3의 것이 거꾸로 서로의 매력을 더하고 새로운 차원의 우정을 보여줄 것이다. 따라서 모든 우정에는 이 중요한 질문을 던져야 한다. 어떤 공통의 관심사, 주제, 과제가 우리를 하나로 묶어주는가? 우리는 어떤 목표를 위해 우정을 불태우는가? 우리는 무엇을 위해 노력할 것인가?

친구를 통해
나다운 내가 된다

대학 시절 친하게 지내던 친구가 있었다. 이름이 가비였는데 졸업 후 각자의 길을 가면서 연락이 끊겼다. 나는 늘 가비와 함께한 추억이 잊힐까 노심초사했다. 그래서 자주 그녀와의 추억을 기억의 저편에서 끄집어냈고 그럴 때면 그녀가 지금 어떻게 사는지 궁금했다.

우리는 정말 친했다. 가비와 함께 있으면 무서울 게 없었다. 가비는 자신감이 넘쳤고 어디서나 자기 의견을 당당하게 밝혔으며, 아니다 싶으면 망설임 없이 "안 돼"를 외칠 줄 알았다. 하루도 조깅을 거르는 일이 없을 만큼 부지런했다. 그녀를 통해 나는 세상의 새로운 모습을 배울 수 있었다. 수줍음을 많이 타는 내가 이 험한 세상을 살기 위해 배워야 할 모든 것을 그녀가 알고 있었기 때문이다. 그녀가 옆에 있으면 나도 용기를 내어 햇살 환한 세상으로 나갈 수 있었다. 살면서 나는 한 번도 입에 올린 적 없던 말을 그녀는 당당하게 뱉어냈다. "싫어", "내가 결정할 거야", "그 문제는 조금 더 고민해봐야겠어."

우리는 함께 여행도 많이 다녔다. 그런데 언젠가부터 우리의 역할이 고정되었다는 느낌이 들었다. 그녀는 높은 자리에서 계획과 구조를 짜고, 나는 낮은 자리에서 청소하고 밥을 지었다. 그녀가 지시를 내리면 나는 시키는 대로 했다. 그녀가 주인이고 내가 파출부나 일꾼이 된 것 같았다. 훗날 우리 사이가 멀어진 데에는 이런 미심쩍은 역할 분담도 적지 않은 영향을 미쳤을 것이다. 프랑스가 우리의 마지막 여행이었다. 여행에서 돌아온 후 우리는 약간 지나칠 정도로 즐거워하며 작별 인사를 나누었다. 아마 우리가 한동안 만나지 못할 거라는 사실을 예감했기 때문이다. 새 우정의 무대가 막을 올린 것이다. 이제 우리가 지은 우정의 집을 활짝 열고 환기해야 할 때가 온 것이다.

가비는 같이 있기 편한 사람은 아니었다. 걸핏하면 삐져서 입을 꽉 다물고 말을 하지 않았다. 그럼 나는 안절부절못하고 괴로워했다. 화가 나면 말을 안 하는 습관은 그녀의 트레이드마크였다. 그녀를 아는 모든 친구들이 그 점을 지적했다. 누가 한마디만 말을 잘못해도, 누가 적절하지 않은 때에 웃음을 터뜨려도 그녀는 바로 화를 냈고, 그러고 나면 몇 시간, 며칠 동안 말을 하지 않았다. 가비의 부모님도 그랬다. 두 분 역시 싸우고 나면 며칠 동안 서로 말을 하지 않았다. 어쩌면 그 집안 사람들은 '침묵의 유전자'를 타고나는지도 모르겠다. 가비가 입을 다물면 내가 얼마나 괴로웠는지 그녀는 알았을까? 어쨌든 그 당시 나는 그에 대해서는 아무 말도 하지 않았다. 내가 너무 예민한 건가 싶어 창피하기도 했고 그것 또한 애정의 이면이라고 생각했기 때문이다. 시간이 흐르면서는 일종의 센서나 텔레파시가 생겨서 가비의 입을 열게 하고 기분을 풀어줄 방법도 찾아냈다. 가비의 감정을 파악하기 위해 열심히 노력했던 이유는 그것이 나의 언어와 공감 능력을 개발하는 데 이로웠고, 그녀가 다시 입을 열어 샴페인처럼 톡 쏘는 특유의 농담과 웃음으로 공간을 가득 채울 때면 덩달아 기분이 좋아졌기 때문이다. 내가 지금껏 철학과 심리치료에 대한 관심을 잃지 않은 것도 사실 따지고 보면 그녀의 그 변덕스러운 기분 덕분이었다.

나는 그때와 비교해 달라진 게 없을까? 달라진 것이 있다면 더 성숙한 자세로 스스로를 보살필 수 있다는 것이다. 또 우정이란 자아의 여러 측면을 비춰주는 거울이라는 사실도 깨닫게 되었다. 한 사람의 친구와 함께하는 시간은 다른 친구와 경험하는 시간과는 전혀 다르다. 이 친구를 만나면 한없이 진지하고 심각해지지만, 저 친구를 만나면 연신 낄낄대며 농담을 주고받고, 또 다른 친구를 만나면 남의 험담을 하기 바쁘다. 만나자마자 이것저것 쇼핑하느라 정신없이 시간을 보내는 친구도 있다. 친구마다 내가 다르게 행동하고 다르게 생각하며 다르게 말한다. 모든 친구가 내 안의 다른 현을 건드려 다른 소리를 내기 때문이다. 마치 다른 곳을 여행하는 것과 같다. 우정의 풍경마다 공기가 다르고 냄새가 달라 우리는 저마다 다른 자유를 경험하는 것이다. 이런 변화가 얼마나 자연스럽게, 또 얼마나 순식간에 일어나는지도 놀라운 일이다. 친구가 바뀌면 우리의 행동과 생각도 바뀐다.

이제 질문이 솟구친다. 친구마다 무엇이 달라지는가? 그것은 우리의 인성이 안고 있는 모순 때문일까? 아니면 우리를 바라보는 친구의 시선에 우리가 반응하는 것일까? 친구들은 우리가 어떤 사람이며 어떤 사람이 되어야 하는지 나름의 관념이 있다. 또 거꾸로 자신들이 우리에게 어떤 의미인지도 정해두었다. 친구들이 제공하는 공간에서 우리는 친구들의 반향에 따라 인성의 온갖 다채로운 부분들을 실현하고 표현할 수 있으며, '자기됨'의 과정에 활용할 수 있다. 따라서 우정은 자기됨의 과정과 매우 밀접한 관련이 있다. 모든 친구에게서 개인적인 것을 발견하기에 점차 가장 나다운 내가 되는 것이다.

친구마다 내가 다르게 행동하고
다르게 생각하며 다르게 말한다.
모든 친구가 내 안의 다른 현을 건드려
다른 소리를 내기 때문이다.

가비는 지금 뭘 할까? 유치하지만 궁금했다. 가비를 아는 지인을 만나면 소식을 묻기도 했다. 그러다 언젠가부터 인터넷에서 그녀의 이름을 찾기 시작했다. 그곳에서 그녀의 이름을 발견하기까지 오래 걸리지 않았다. 부고였다. 2016년, 그녀는 죽었지만 우리 둘에게 중요했던 우리의 이야기는 내 심장에 고이 묻혀 있다. 그녀는 내 역사의 일부다. 내가 지금껏 그녀를 잊지 않은 게 얼마나 다행인지 모른다.

진정한 우정은
설명이 불가능하다

　벌써 한참 전의 일이다. 오스트리아 빈으로 가는 아침 비행기를 타야 하는데 늦잠을 잤다. 친구 니콜라스가 그 말을 듣자마자 차로 나를 공항까지 바래다주겠다고 했다. 시간이 정말 촉박했으므로 그는 자다 말고 일어나 잠옷 위에 외투를 걸치고 액셀을 밟아 나를 데리러 왔고, 다행히 나는 간발의 차이로 비행기를 탈 수 있었다. 문제는 돌아가는 길이었다. 교통경찰이 차를 세웠는데 지갑을 안 챙겼으니 그에게 면허증이 있을 리 없었고, 잠옷 차림인 데다 규정 속도도 지키지 않았다. 지금도 나는 잠옷 차림으로 차 밖으로 끌려 나와 변명을 늘어놓았을 그의 모습을 상상하면 미안하기 그지없다.
　나는 여기저기서 이 이야기를 여러 번 소개했다. 우리의 우정을 한눈에 보여주는 상징적 사건이라고 생각하기 때문이다. 무엇보다 그의 반응이 걸작이었다.

"중요한 건 네가 비행기를 안 놓쳤다는 거야."

그 사건이 아니더라도 그의 충직한 우정을 입증할 수 있는 사례는 많다. 그 많은 사건들은 내가 그의 충직함을 얼마나 소중하게 생각하는지, 얼마나 귀한 선물로 생각하는지 말해준다. 하지만 선물은 어느 날 문득 마른하늘에서 떨어지는 게 아니다. 그것은 우리의 오랜 우정의 역사에서 자라난 결실이다. 우리는 고단한 시절에도 서로를 믿고 의지할 수 있으며 서로의 약점과 실수를 눈감아줄 수 있다. 하지만 그것만으로 그가 나의 친구인 이유를 충분히 설명할 수 있을까?

모르는 사람에게도 충성을 바칠 수 있다. 돈을 받고 사람을 죽이는 킬러나 정당의 당원이라면 친구가 아니어도 충성을 다할 수 있다. 또 이웃이 나의 부탁을 듣고 나를 공항까지 안전하게 바래다주었을 수도 있다. 물론 니콜라스와 나의 우정에는 많은 사건들이 있었지만 그 모두를 다 털어놓는다고 해도 그가 나의 친구인 이유를 설명할 수는 없을 것이다. 그 모든 이야기에는 니콜라스만이 아니라 다른 사람들도 가질 수 있는 측면이 있을 테니까 말이다. 그러니 우리가 서로를 좋아하는 것은 특정한 이유 때문이 아닐지도 모른다. 아무리 많은 이유를 댄다고 해도 그 어떤 이유도 우리의 우정을 완벽하게 설명하기는 어렵다. 아마도 가까운 사람에 대해선 말로 표현할 수 있는 것보다 더 많은 것을 아는 것 같다. 우정은 동작과 몸짓, 시선과 자세, 개인의 스타일과 목소리, 말투로 표현되는 관계이기 때문이다.

그림이나 음악도 마찬가지다. 그 아름다움이 주는 감동을 아무리 말로 설명해도 남들도 나와 똑같은 감동을 받았다고 확신할 수 없다. 작품의 아름다움은 관객의 눈에, 다시 말해 미학에 깃들어 있기 때문이다. "난 그가 좋아. 그가 그이기 때문이야"라고 말할 때도 바로 그런 의미다. 고르고 고른 표현으로 정성을 다해 설명한다 해도 설명할 수 없고 정의할 수 없는 부분이 항상 남기 마련이다. 한 인간과의 관계는 온전히 말로 옮길 수 없다. 그러기에 나도 자주 이런 말을 한다. "네가 경험해봐야 해", "너도 그 자리에 있었어야 해."

이것이 결코 말로는 설명할 수 없는 우정의 비밀이다. 물론 우리는 우정이 필요한 온갖 이유를 갖다 댄다. 그 혹은 그녀가 멋지고 지적이며 남을 잘 돕고 총명하며 유머 감각과 패션 감각마저 뛰어나다. 하지만 이 모든 이유는 그저 그 사람의 진정한 의미를 찾으려 낑낑대는 노력에 불과하다. 모든 설명을 넘어서는 '그 무엇'은 '자아'라는 말로 표현할 수 있다. 지금 여기뿐만이 아니라 미래를 향하는 시간에 함께 뛰어드는 것은 친구의 자아, 몸과 마음과 정신이 함께 어우러진 지극히 개인적인 존재의 기틀인 것이다. 거기엔 소망과 약속도 깃들어 있다.

"네게 내 인생의 한 자리를 내어줄 거야. 널 더 많이 알고 싶고 너와 나의 미래를 나누고 싶기 때문이야."

이는 상대방을 통해 우리의 삶이 풍성해질 거라는 믿음의 표현이다. 그 미래가 불확실하다는 것을 잘 알면서도 말이다.

더 이상 서로 할 말이 없어지면 우정은 막을 내린다. 한쪽이 다른 쪽을 자신만큼 걱정하지 않으면 서로에 대한 관심이 옅어지고, 정서적 대화가 사라지면 우정도 끝날 수 있다. 그러나 서로에 대한 관심을 잃지 않고 서로에게 더 많은 경험을 선사한다고 느끼는 동안에는, 그리고 이것이 우정을 살찌우는 긍정적 경험이라고 믿는 동안에는 두 사람은 친구로 남아 서로를 아낄 것이다. 그들이 지금 그대로의 그들이기에.

불확실한 미래를 창조하려는 이런 바람으로 우리는 타인의 삶을 내 삶으로 삼는다. 서로에게 관심을 가지고 다가가며, 이 친밀함이 우리 두 사람의 내면에 담긴 새로운 가능성과 특성을 불러내리라 예감하기에 적극적으로 낯선 경험에 뛰어든다. 이런 참여가 우리를 지금보다 더 깨어 있는 사람으로 만들 것이다. 새로운 일이 일어나며, 그것이 삶의 문을 활짝 열어젖힌다. 우리 인생의 멜로디는 2도 화음의 다른 멜로디가 되었다. 그러기에 나는 "왜 저 사람과 친구가 되었어?"라는 물음에 몽테뉴 Michel de Montaigne의 이 짧은 명언으로 대답할 수밖에 없는 것이다.

"그가 그이고 내가 나이기 때문이지."

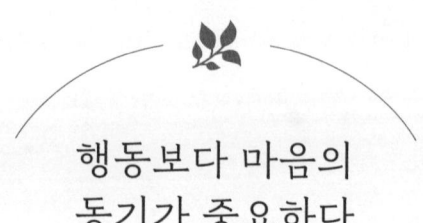

행동보다 마음의
동기가 중요하다

"네가 내게 하듯 나도 너에게 한다."

급부와 반대급부의 원칙을 따르는 우정. 이건 친구가 아니라 사업하는 사람들이나 할 법한 말이다. 친구는 "에너지를 충전해주고", "배터리를 다시 채우며", "날카로워진 신경을 진정시켜준다"는 말을 자주 듣는다. 처세서들을 읽어봐도 스트레스 해소와 면역력 강화에 유익한 우정의 효과를 많이 언급한다. 이런 실용적 시선은 "우울증 예방에 좋은 모차르트", "상실의 불안을 달래는 바흐" 같은 음반 광고를 보는 느낌을 준다. 하지만 그런 목적을 위해서라면 한 잔의 에스프레소나 규칙적인 산책만으로도 충분한데 굳이 우정이 필요할까? 물론 가족, 불안, 정치, 노후 같은 진지하고 심각한 이야기를 주고받는 친구들도 많다. 친구가 시련을 이겨내거나 잠시 고단한 일상을 잊는 데 큰 도움이 되기도 한다. 하지만 주말에 같이 바람을 쐬고 맛집에서 같이 밥을 먹고 이사를 돕는 것이 우정의 전부는 아니다.

우정은 많은 것을 감수하고 참을 수 있다. 우정도 일상의 일부이기 때문이다. 우리는 남을 위해서는 하지 않을 일도 친구를 위해서는 기꺼이 한다. 밥을 차려주고 차를 카센터로 옮겨주며 컴퓨터를 고쳐주고 정원의 잡초를 뽑아준다. 그렇다고 친구를 추앙해서는 안 된다. 하루 종일 도덕적이고 숭고한 생각과 행동만 하며 살 수는 없다. 세속을 멀리하는 성인과 누가 친구가 되고 싶겠는가? 일상적이고 평범한 행동도 우정의 양식이다. 다만 그것을 찬양만해서는 안 될 것이다.

독일의 대문호 괴테Johann Wolfgang von Goethe와 실러Friedrich von Schiller가 주고받은 편지를 읽어보면 당시 사람들이 얼마나 정성을 다해 우정을 가꾸었는지 새삼 감탄하게 된다. 이들의 우정은 매우 특별해서 머나먼 길도 마다하지 않고 엄청난 노고와 지출도 감수했다. 무엇보다 친구와의 대화에 많은 시간과 공간을 할애했고 일정한 형식을 지켰으며 감정을 잘 다스렸다.

요즘 봇물 터지듯 쏟아져 나오는 우정의 각종 형태들을 보고 있노라면 못마땅할 때가 많다. 팀 로트Tim Lott의 소설 『화이트 시티 블루White City Blue』에 나오는 말이 내 마음을 대변하는 것 같다.

"제일 처음이 네가 사실 좋아하지 않는 친구들이다. [⋯] 그다음이 네가 좋아하기는 하지만 절대 안 보고 사는 친구들이다. 그다음은 네가 정말 좋아하지만 그의 파트너를 도저히 참을 수 없는 친구들이고, 그다음은 하도 오래 만나다보니 헤어질 수 없는 친구들이다. 그다음은 네가 좋아해서 친해진 것이 아니라 상대가 잘생겼거나 인기가 많거나 정말 멋져서 친해진 친구들이다. [⋯] 그다음은 운동을 같이하는 친구들이다. 그리고 편해서 친구가 된 사이, 대부분 직장 동료인 친구들이며, 그다음은 불쌍해서 친구가 된 사람들이다. 그다음은 친구 대기자 명단에 오른 지인들이며…….″

누가 봐도 이런 우정은 우정이 아니다. 이런 우정은 친구에 대한 오해에서 비롯되며, 결국 양쪽 모두를 실망시키고 외롭게 만들 뿐이다. 이런 친구가 곁을 떠난다고 해서 허전하고 아쉬울까? 오히려 같이 있으면 더 외롭지 않을까? 물론 때로는 좋은 성격과 유익함과 농담과 재주가 사람을 묶어주는 끈이 될 수도 있다. 또 설사 친구를 잘못 골랐다는 체념과 후회가 밀려온다고 해서 곧바로 그 친구를 버릴 수 있는 것은 아니다. 실망은 했어도 얻지 못했거나 앞으로 얻지 못할 진정한 우정을 조금이나마 대신할 수 있는 존재로 여길 수 있을 것이다.

우리가 구체적으로 서로에게 어떤 행동을 하는지는 중요하지 않다. 중요한 건 행동을 우정의 표현으로 만드는 행동의 동기다. 행동 그 자체가 아니라 그 행동이 우리의 우정에 대해 말하는 내용이다. 가령 남을 잘 돕는 행위를 예로 들어보자. 그런 행동은 누구에게나 할 수 있다. 하지만 그것이 서로에 대한 애정에서 비롯된 표현이라면 일상적인 도움과 구분된다. 내가 이익을 취하려고 남을 도울 때와 나의 애정을 표현하기 위해 남을 도울 때는 큰 차이가 있다. 중요한 건 서로를 돕는 행동의 동기다.

"네가 내 등을 긁어주면 나도 네 등을 긁어줄게."

더 도발적으로 표현하면 이렇게 말할 수도 있을 것이다. 타인이라면 예의상, 계산이나 의무감에서 상대의 등을 긁어줄 것이다. 하지만 친구라면 좋아하는 마음과 걱정하는 마음으로 행동에 옮긴다. 그가 잘되기를, 그가 건강하기를 바라고 그 역시 내가 그러기를 바란다고 믿기 때문이다. 그러기에 계산하지도 반대급부를 기대하지도 않는다.

이제 내 말을 듣고 덜 친한 사이는 이익을 바라고 친한 사이는 애정이 바탕이 된다고 생각하는 이도 있을 것이다. 그렇지 않다. 친한 친구는 서로를 존중하고 서로의 행복과 건강을 바란다. 하지만 상황에 따라 친구도 서로를 이용한다. 다만 유익함이 먼저가 아니다. 우정은 상호 대립이나 일방적 이상화가 아니기 때문이다.

우정은 춤이다. 서로 포개지고 얽히며 쉬지 않고 위치를 바꾸는 춤이다. 수많은 형태가 결합되어 한 편의 춤이 완성된다. 전화만 하는 친구, 콘서트만 같이 가는 친구, 페이스북으로만 알고 지내는 친구, 이혼 후 친구가 된 부부, 학생과 선생님으로 만나 친구가 된 사제지간, 비행기나 기차에서 만난 친구, 한 번도 얼굴을 본 적 없는 친구. 관심과 만남의 열기가 천양지차고, 그에 따라 각기 고유한 스펙트럼을 가지게 된다. 그러기에 많은 친구들 사이에서 몇몇과의 관계가 두드러진다. 그들이야말로 인생에 가장 큰 영향을 미치고 내 삶을 관통하는 진짜 친구들이다.

우정은
끊이지 않는 대화

대화는 우정에서 빼놓을 수 없는 부분이다. 진정한 우정이란 대화를 멈추고 싶지 않는 마음과 같다. 철학자 니체Friedrich Wilhelm Nietzsche가 결혼이 긴 대화라고 말했던 것처럼 우정 역시 "아주 오랜 대화"이기 때문이다. 대화를 통해 둘만의 우주를 만들고, 그 안에서 자신들만의 주제를 나누고 변주하고 회전시키고 이러저리 주고받으며 놓았다가 다시 집어 들기를 되풀이한다. 각자가 때로는 들어주고 때로는 독려하고 때로는 묻고 답하며 상대에게로 건너갈 다리를 짓는다. 너 요즘 어때? 무슨 생각해? 요즘 뭐하면서 살아? 그렇게 묻고 대답하며 우리는 깨닫는다. 친구는 나도 모르던 나를 알고 있다는 것을. 그것 역시 우정을 가치 있게 만드는 선물 중 하나다.

어떤 친구와 있느냐에 따라 말투와 생각과 태도도 달라진다. 그래서 친구를 제자나 동료 대하듯 하면 당황할 것이다. 내가 친구에게 구사하는 억양, 리듬, 단어 선택, 말하는 방식이 다른 맥락에서는 어색하기 때문이다. 친구는 말하는 방식도 서로에게 맞춘다. 이 친구와는 킥킥거리며 농담을 주고받고, 저 친구와는 진지하고 심각하며, 다른 친구와는 애교를 떨고, 또 다른 친구와는 신중하고 면밀하다. 친구의 수만큼 표현의 방식도 늘어난다. 우정의 언어는 수많은 형태와 뉘앙스와 멜로디를 가진 열린 언어이기 때문이다.

근본적으로 친구들의 대화는 생각의 교류, 대결, 토론, 고백으로 옷을 갈아입기는 하지만 멈추지 않고 계속 이어진다. 이것이 종교와 유사한 우정의 신비한 측면이다. 어떤 신앙인이 신과의 대화를 포기하겠는가? 우정은 대화가 그치지 않을 때만 온기와 생명을 유지한다. 물론 대화에는 침묵도 포함된다. 서로를 믿고 아무 말을 하지 않는 것도 대화의 일부다.

함께 침묵하는 것이야말로 가장 풍요롭고 스릴 있으며 복잡한 언어의 영역이다. 함께 있어도 말을 해야 한다는 압박감을 느끼지 않고 조용히 침묵할 수 있느냐가 친구인지 아닌지를 가르는 기준이다. 침묵하면 공감과 만남과 멈춤의 조건인 그 고요한 공간에서 자신으로 돌아갈 수 있다. 그뿐만 아니라 침묵하면 말을 할 때보다 생각이 더 잘 뻗어나간다. 본질적인 것은 소음을 일으키지 않는다. 나지막하게, 고요하게, 시끄럽지 않게 나타난다. 독일 시인 요아힘 링겔나츠 Joachim Ringelnatz도 말했다.

"오래가는 것은 모두가 조용하다."

물론 항상 침묵이 금인 것은 아니다. 때로 침묵이 친구에게 상처를 주고 아픔을 주는 잔혹한 수단일 수도 있다. 하지만 우정의 기술은 둘 모두다. 현명하게 말하고 제때 입을 다무는 것.

"차마 말할 용기가 나지 않았어. 내가 아무 말 안 해도 네가 다 알고 있었다니 얼마나 좋은지 몰라."

그녀가 내게 말했다. 이것 역시 우정이다. 상대가 말하지 않아도 듣는 것, 무엇이 상대의 마음을 움직였는지 느낌으로 알아내는 것, 무엇이 상대의 마음을 어지럽혔는지 간파하는 것. 우정은 요란하거나 극적인 것이 아니며 명령이나 지령을 필요로 하지도 않는다. 친구의 심장에 귀를 갖다 대는 고요한 온화함이다. 중요한 건 상대가 필요로 하는 게 무엇인지 느끼기 위해 자신을 떠나 상대에게로 달려갈 줄 아는, 사랑 가득한 관심이고 공감하는 부드러움이며 고요한 동감이다.

때로 이런 공감은 아주 간단하고 구체적이다.

"우리 밥 먹으러 가자."

"우리 좀 걷자."

"커피 한잔 마실래?"

정확한 순간에 던진 그런 작은 한마디가 때로 상대의 마음을 움직이고 넘어진 친구를 일으켜 세운다. 혼자서 더 가지 못할 때 함께 걸어가는 것이다. 그럼에도 정말로 힘들고 기운이 하나도 없을 때는 선뜻 손을 내밀기가 쉽지 않다. 왜 그럴까? 자신의 허약함을 고백하는 것이 두렵기 때문이다. 요즘 같은 시대엔 모든 곳에서 능력과 자질을 입증해 보여야 한다고 생각하기 때문이다. 세상 누구에게도 자신의 약한 부분을 보여주고 싶지 않기 때문이다. 어쩌면 이 모든 것이 다 이유일지도 모른다. 어쩌면 우리도 모르는 사이 앞의 모든 이유를 혼자서 해결하고 처리해야 한다고 머릿속에 단단히 새겼을지도 모른다.

친구한테서 심장마비로 쓰러진 적이 있다는 말을 듣고 깜짝 놀랐던 기억이 난다. 하필이면 그녀가, 철옹성 같던 그녀가. 천하무적, 불패와 불멸이라 믿었던 그녀가. 트렁크 하나 남의 손에 맡긴 적이 없는 그녀였다. 아무리 기사도 정신으로 똘똘 뭉친 남성이라도 그녀 앞에선 찍소리도 못한다. 도와주겠다고 했다가는 바로 매몰찬 대답이 돌아온다.

"필요 없어요."

그녀가 내게 병이 생긴 원인을 알고 싶다고 말했다. 나는 몇 가지 질문을 던졌고 그녀는 어릴 때부터 부모님이 공부를 잘해야만 칭찬해주셨다고 대답했다. 그래서 그녀는 수동적이고 태만한 태도를 금기시했다. 자신이 하는 일은 모두 결과를 내야 하고 보람이 있어야 했다. 카페에 앉아서 책을 읽거나 음악을 듣는 건 시간 낭비였다. 무슨 일이든 가리지 않고 맡아서 열심히 처리하고 그에 상응하는 성과를 거두어 계속해서 '쓸모 있다'는 사실을 입증하고자 했다. 그래서 거절하기가 쉽지 않았고 자신을 보호하고 자신에게 시간을 내기가 정말 힘들었다.

"난 계속 이렇게 살아도 좋아. 그런데 몸이 말을 안 들어."

그녀는 자신의 병을 이렇게 설명했다.

나는 그녀에게 물었다. "잠깐씩 일을 쉬고 너만의 시간을 내보면 어때? 너한테 무엇이 중요할까?" 가장 심각한 문제는 따뜻한 인간관계의 실종이었다. 그녀의 주장과 달리 시간이 없어서가 아니라 삶의 우선순위가 뒤틀렸기 때문이었다. 자신의 삶보다 다른 것을 더 중요하다고 생각했기 때문이었다. 그의 삶에선 우정을 향한 마음이 꺾이고 잠들어버렸다. 그녀가 제일 그리워하는 것도 사실은 친구와 오랜 시간 나누는 대화였다. 그것이야말로 우리의 영혼을 두둑이 살찌우는 양식이기 때문이다. 그녀도 고백했다. 상대에게 이런저런 지적을 하고 평가를 하지 않기가 정말 힘들다고 말이다.

"네 친구들이 나중에 뭘 기억할 것 같아?"

내 질문에 그녀는 고개를 끄덕이며 생각에 잠겼다.

그녀는 두 가지를 바꾸겠다고 했다. 일단 마음의 여유를 되찾아 혈관의 긴장을 풀고, 친구를 찾아 함께 즐기는 법을 배우기로 했다. 뜻이 있고 열심히 배운다면 자신이 바뀔 수 있다고 믿고 싶어 했다.

"안전해야 한다는 강박을 버리면 더 안전할 것 같아. 다른 사람이 아니라 내 마음에 드는 사람이 되고 싶어. 나에게 정말 중요한 게 무얼까?"

그녀는 다시 예전처럼 자기 심중을 솔직하게 털어놓을 수 있기를 바랐다. 하지만 믿을 수 있는 사람이 많지 않았다. 여러 번 배신을 당했기 때문이다. 그래서 그녀는 누구를 믿을 수 있을지 신중하게 골랐다. 그리고 그 사람이 믿음에 보답할 경우 정말로 감동했다. 이 세상에 누군가 나를 생각해주고 염려해주는 사람이 있다는 사실은 생각보다 감격스럽다.

무거운 책임에서
해방되는 순간을 만끽하자

니나와 나는 오스트리아 그라츠에서 열리는 학술회의에 초대받았다. 우리 둘 다 강연을 할 예정이었고, 덕분에 우리 둘 다 머리가 복잡해 잠을 설쳤다. 이렇게 시간이 촉박한데 창의적인 강의를 할 수 있을까? 아냐. 그건 안 될 거야. 그렇다고 뻔한 말만 늘어놓을 수도 없고. 아, 못한다고 해버릴까? 무슨 말도 안 되는 소리야! 지금 와서 어떻게 못한다고 해? 뭐 이 정도면 충분하지 않을까? 근데 입을 옷이나 있나? 그날 컴퓨터가 말썽이면 어떡하지? 걱정은 꼬리를 물고 이어졌다.

"둘 다 전문가니까 편하게 해."

동료들이 옆에서 격려했다. 그 소리에 니나는 씩 웃기만 했고 나는 그냥 하품만 했다. 속 모르는 소리, 사실 전문가라서 부담이 더 큰데 말이다. 안 그래도 우리는 늘 자질의 위기를 겪는 여성들이었다. 우리 둘은 그 점에서 항상 의견이 일치했다. 다른 여자들은 무엇이든 우리보다 잘한다고 말이다. 다른 여자들은 일도 잘하고 살림도 잘하고 그 와중에 짬을 내어 쇼핑도 하고 조깅도 하고 화장하는 법도 배우고 피부 관리도 하러 다닌다. 그래서 가끔 우리가 너무 게으른 게 아닌가 고민한다. 어쨌거나 우리는 백남준의 이 말을 인생 모토로 삼는 사람들이다.

"너무 완벽하면 신이 화내셔."

하지만 일단 관심이 생기거나 제대로 한번 불이 붙으면 꿀벌보다 부지런하고 곰보다 끈기 있게 그 일을 추진한다. 물론 자발적일 때만이다. 우리는 무슨 생각을 하고 무엇을 위해 노력하며 어떻게 행동하고 무엇을 하지 않을지를 우리가 결정하고자 한다. 그래서 이 네 가지 차원에서 우리를 제약하고 영향을 미치려는 사람이 있다면 그 사람은 큰코다칠 것이다.

반항이 아니다. 전복적이라는 표현이 더 맞을 것이다. 우리는 무엇이 우리에게 유익하고 어울리는지 스스로 결정하고자 한다. 그리고 그 과정을 통해 무엇을 실천해야 하는지 스스로 배운다. 우리는 각자의 방식으로 책과 음악과 바다와 우정의 세상으로 물러난다. 그냥 문을 닫고서 영혼과 자유가 나름의 호흡으로 만나는 자신만의 세상에 칩거한다.

우리 둘은 나이가 비슷하다. 또 대학교수라는 직업도 같다. 이런 공통점만으로도 금세 친해질 수 있었다. 하지만 우리의 우정엔 그 이상이 있다. 무겁디무거운 세계사의 한 자락이 우리와 동행하고 있기 때문이다. 니나는 이스라엘 키부츠에서 자랐고 랍비의 딸이며 친척들이 나치 수용소에서 죽었다. 우리 부모님은 고향에서 추방당했다. 그런 역사가 우리에게 그늘을 드리웠고, 남들에게 이해받고 싶은 갈망을 더했다. 그리고 우리의 우정에 진지함과 깊이를 선사했다.

우리는 늘 묻는다. 어떻게 해야 사람들의 정신이 깨어날 수 있을까? 어떻게 해야 양심이 승리할까? 죄의 문제에 대해서도 자주 이야기한다. 가해자가 된다는 것, 피해자가 된다는 것이 어떤 의미일까? 지금까지 우리를 괴롭히는 죄책감에 대해서도 자주 토론한다. 정말 사소한 일에도 우리의 죄책감 감지기는 지진이 일어난 것처럼 격렬하게 요동친다. 그럴 때면 어떤 기분이 되는지, 어떻게 그 죄책감을 털어낼 수 있을지 우리는 서로 묻고 대답한다.

죄책감이 어떤 구체적인 행위 때문이 아니라 우리의 심리 문제라는 사실을 잘 안다. 그럼에도 괴로운 것은 어쩔 수가 없다. 이웃보다 일이 더 소중하다고 느껴지면 죄책감이 든다. 식물이 말라 죽어도, 물건을 너무 많이 샀을 때도, 주말에 손님을 집에 초대해도, 엄마를 자주 찾아가지 못해도, 논문 마감 기한을 지키지 못해도, 하루를 게으르게 보낸 밤에도, 동생 때문에 마음이 불편해도, 차를 빨리 몰아도, 남편을 두고 니나랑 약속을 잡아도, 문득 죄책감이 밀려온다. 죄책감의 리스트는 끝없이 이어질 것이고 아마 앞으로도 그럴 것이다.

이런 죄책감이 우리를 더욱 가까운 관계로 만든다. 우리는 서로에게 쉬지 않고 명령하고 지시를 내리지만 또 전혀 그 말을 듣지 않는다. 그리고 우리 둘의 남편들은 이 모든 게 너무 히스테리적이라고 생각한다.

우리는 스트레스를 풀기 위해 일상의 마법의 순간을 만든다. 쌓여 있는 일을 잠시 접고 짧은 산책을 한다. 니나가 영혼 저 밑바닥에서 우러나온 풍성한 음색으로 이스라엘 민요를 부른다. 갑자기 웃음이 터지고 감탄사가 튀어나온다. 근심 걱정이 저멀리 사라지고 그 순간만이 남는다. 생각은 날개를 달고 비상한다. 우리는 가벼워진다. 저 공중을 떠도는 것 같다. 둘이 있을 때 우리는 누구와도 함께할 수 없는 찬란한 웃음을 터뜨린다. 더 따스해지고 가득차며 감각적으로 변한다. 파우스트처럼 노래하고 싶다.

"순간이여 멈춰라. 너 정말 아름답구나!"

니나가 말한다.

"이 시간이 얼마나 큰 힘을 주는지 몰라."
그래, 니나. 나도 그래. 고마워.

4장
우정에도 연습이 필요하다

관계를 지키는 6가지 방법 ✽

바빠도
우정의 시간을 지켜라

우리는 우정의 시간을 어떻게 활용하는가? 어떻게 해야 이 소중한 자원을 잘 다룰 수 있을까? 주변에 시간이 촉박하지 않다는 사람이 없다. 다들 입만 열면 투덜댄다. "일에 치여 죽겠어", "마감이 코앞이야", "당분간 개인적인 일은 올스톱이야", "한계에 달했어", "피곤해서 죽을 것 같아." 나는 이런 말들을 들으면 살짝 당황스럽다. 시간이 주인이고 우리는 그 주인을 따라 허덕이며 쫓아가는 강아지처럼 느껴지기 때문이다. 시간은 수단에 불과하다. 시간은 우리를 괴롭히지도, 우리를 치유하지도 않는다. 그 시간 속에서 발전하고 변하고 스스로를 치유할 당사자는 바로 우리 자신이다.

친구 카리나와 베를린에서 열리는 피아노 연주회에 간 적이 있다. 그날 나는 문득 우리에게 끝없는 시간이 주어진 것만 같았다. 왜 그랬을까? 우리가 완전히 넋이 나가서 그리고리 소콜로프Grigory Sokolov의 피아노 연주에 푹 빠져들었기 때문이다. 족히 두 시간 반 동안 가만히 앉아 피아노 소리에 귀 기울였다. 다른 건 전부 새까맣게 잊어버릴 정도로 연주에 심취했다. 각자의 것은 전부 뒤로 밀려났다. 우리는 함께 새로운 세상으로 들어섰고 똑같이 열광하며 박수를 치고 또 쳤다. 이 잊지 못할 밤은 지난 몇 년 동안 경험한 것 중 가장 아름다웠다. 시간이 손에 잡힐 듯 성큼 내 곁으로 다가왔다.

나와 친구를 위해 여유 시간을 내고 다른 건 전부 잊을 만한 경험을 하는 것은 우리의 몫이다. 혹시라도 우리의 삶이 친구를 위해 조금도 시간을 내지 못할 정도로 엉망이 되고 말았을까? 성급히 달려간다고 해서 남보다 더 많은 것을 이루리라는 생각은 틀렸다. 인생은 분초를 다투는 달리기 경기가 아니다.

특히 우정은 우리가 유한한 존재라는 사실을, 우리의 시간이 한정적이라는 사실을 가르쳐준다. 친구와 함께 있으면 시간이 전혀 다르게 다가오기 때문이다. 친구와 함께 있으면 우리는 지금 이 순간을 산다. 원래 우리 것이던 시간, 시계 저 너머의 시간을 되찾을 수 있다. 느긋하게 수다를 떨고 열정을 다해 토론하며 음악에 푹 빠지고 신나게 게임을 하고 머리를 비운 채 저

먼 곳을 바라보고 근심과 걱정을 나누고 서로의 어깨를 다독인다. 아까워하지 않고 즐기는 그 시간이 나는 참 좋다. 빡빡한 스케줄에 맞춰 착착 돌아가는 시간, 꽉 짜인 하루 일과에 비하면 한가한 일상의 교류가 하찮게 보일 수도 있겠지만 그 시간은 결코 무의미하지 않다. 친구와 나누는 모든 것은 우리 본성의 표현이며 우정의 역사를 만들어가는 과정이기 때문이다. 친구와 무엇을 하는지보다 친구와 함께 무언가를 한다는 사실이 더 중요하다. 우정은 시간을 함께하며 쌓은 경험을 통해 생겨나는 것이다.

친구와 산책을 할 때면 잠깐이나마 영원을 경험한다. 시간이 멈추고 우리는 입을 다문다. 꽃이 활짝 핀 초원이 우리에게 말을 건다. 그 찰나의 순간이 지나면 우리는 마음 가득 기쁨을 담아 다시 발걸음을 옮긴다. 무언가 함께 경험했다는 것만으로 충분하다. 그러기에 함께 나눈 시간은 결코 낭비가 아니다. 그것은 우리의 것이며 우리의 우정 기록실에 보관될 경험의 시간이다. 물론 서사시가 담아낸 우정의 찬가에 비한다면 우리의 산책은 참으로 보잘것없을 것이다. 하지만 우정의 생명을 지탱하는 이 생성과 소멸의 긴장 속에서 우리가 상대에게 삶의 시간을 선사했다는 사실이 훨씬 더 중요하다.

빡빡한 하루하루의 일과에서 어떻게 퇴로를 찾아 소중한 우정의 자산을 가꿀 수 있을까? 어떻게 우정에 삶의 공간을 선사할 수 있을까? 방법은 지극히 간단하다. 모든 것은 우리의 손에 달렸다. 원한다면 누구나 시간을 낼 수 있고 마음속 여유 공간을 마련할 수 있다. 방점은 거기에 찍힌다. 원한다면! 원해야 한다. 자신의 유한성을 깨달은 사람이라면 아마 더 수월할 것이다. 시간이 한정적이라는 사실을 더 명료하게 깨달았을 테니 말이다.

우정을 위해 기꺼이 시간과 공간을 내어주고 싶은가? 누구도 이 질문에서 벗어날 수 없다. 친구를 위해 관심을 기울일 준비가 되었는가? 대답이 "아니"라면 세심한 고민과 진실한 자기 검증이 필요하다. 특히 오래된 우정이라면 언젠가 서로 멀어지는 시기가 찾아올 것이다. 그래도 우정의 실이 끊어지지만 않는다면 언젠가 그 실을 다시 집어 들고 멈추었던 물레질을 시작하면 될 것이다. 그런 휴지기에도 우정의 시간은 조용히 계속 흘러가기 때문이다.

둘 중 한쪽이 예상치 못한 방향으로 관계를 틀었을 경우는 사정이 다르다. 새로운 파트너가 생겼을 수도 있고 새로운 친구가 생겼을 수도 있다. 어쨌든 상대가 알아보지 못할 정도로 낯선 사람이 되어버린다면, 매우 가슴 아프겠지만 이별이 최선의 해결책임을 솔직하게 인정해야 한다. 물론 살다 보면 다시 만날 것이다. 옛말에도 있지 않은가. 사람은 살면서 두 번은 만난다고. 하지만 함께 나누는 시간은 끝이 난다. 그럴 때 우리는 외로움과 마주해야 하기에 작별의 아픔과 더불어 다시금 시간의 유한성을 느끼게 될 것이다.

항상 꼭 붙어 다녀야만 우정이 유지되는 것은 아니다. 그러나 가까움과 멀어짐의 균형이 잘 맞으려면 기본자세가 필요하다. 대답하고, 말하고, 입을 열기에 앞서 먼저 귀 기울여 듣고 받아들일 줄 아는 자세가 되어 있어야 한다. 한 친구가 이런 말을 한 적이 있다.

"마음이 안 좋을 땐 누구하고도 얘기를 못하겠어. 다들 내 말이 끝나기 무섭게 조언을 늘어놓거든."

그녀가 진정으로 원하는 것은 무엇일까?

"아무 말 하지 말고 가만히 들어줬으면 좋겠어. 얘기를 하다 보면 나 스스로 뭐가 문제인지 깨닫게 되거든. 그때까지 인내심을 갖고 내 말을 들어줄 사람이 필요해."

나는 이런 친구가 되고 싶다. 집중하여 친구의 말을 들어줄 수 있는 친구가 되고 싶다. 시간이 없다는 말은 변명이 될 수 없다. 진정한 경청은 많은 시간을 필요로 하지 않기 때문이다. 진정한 경청은 타인의 말에 마음을 여는 것이다. 한순간 자신을 뒤에 두고 상대를 향해 마음을 활짝 여는 것이다. '시간은 중요치 않다'는 마음을 상대에게 전달하면 역설적이게도 시간이 절약된다. 너무 성급한 나의 조언 때문에 상대가 힘을 빼지 않아도 되기 때문이다. 상대가 자유롭게 속마음을 털어놓을 수 있도록 끊임없이 자신을 비우는 것, 그것이야말로 모자란 시간을 해결할 수 있는 태도인 것 같다.

  내겐 이제 허비할 시간이 없다. 괴롭고 불쾌한 일에 마음을 쓸 시간이 없다. 속력을 높이는 다람쥐 쳇바퀴를 뛰쳐나와 나만의 방식으로 새롭게 시간의 수레바퀴를 돌리고 싶다. 나에게 우정에 투자할 시간이 있어서, 시간에 투자할 우정이 있어서 얼마나 좋은지 모른다.

친구와 함께 있으면 우리는
지금 이 순간을 산다.
원래 우리 것이던 시간,
시계 저 너머의 시간을 되찾을 수 있다.

한없이 너그러울 것

　외딴섬에 딱 한 사람만 데려갈 수 있다면 나는 망설이지 않고 올가를 택할 것이다. 이기적이고 욕심 많은 사람과는 오랫동안 같이 있기 힘들다. 너그럽고 유머러스하며 상상력이 넘치는 사람이 훨씬 더 낫다. 올가는 바로 그런 동반자다. 낮에는 신나게 일하고 밤이면 모닥불을 피우고 도란도란 이야기를 나누며 함께 노래를 부를 수 있는 사람이다. 그녀는 계산하지 않고 바라지도 않고 무엇이든 선뜻 내어준다.

　시작도 그랬다. 30년 전 만남의 순간에도 그녀는 마음씨가 너그러웠다. 그녀의 남편과 나는 직장 동료였는데 어느 날 그녀가 남편을 데리러 왔다. 그날 그녀는 오렌지색 핸드백을 들고 있었는데 그게 내 마음에 쏙 들었다. 나도 모르게 "정말 예뻐요"라는 말이 툭 튀어나왔고, 말이 떨어지기 무섭게 그녀가 핸드백을 뒤집어 속에 있던 물건을 탈탈 털었다. "가지세요"라며 내게 핸드백을 건네준 그녀는 바닥에 떨어진 물건들을 모아 비닐봉지에 담았다. 우리의 우정은 그렇게 시작되었다.

그녀의 너그러운 마음은 그녀가 아니면 누구도 건드리지 못했을 내 마음 한구석에 와닿았다. 그것도 꼭 필요한 순간에. 그리고 지금껏 그 너른 마음은 우리를 따뜻하게 감싸준다. 마음이 너그러울 땐 자신을 잊는다. 자신을 버리고 자신이 하는 일, 자신이 사랑하는 사람에게 모든 것을 맞춘다. 심지어 두통도 사라진다. 이런 자기 망각의 상태는 자신을 앞세우는 이기심의 반대말이다. 너그러운 마음은 행복이다. 마음이 너그러울 땐 세상이 훨씬 더 아름다워 보인다.

하지만 안타깝게도 사람들의 마음은 좁아지기만 한다. 물론 이기심은 언제 어디서나 존재했지만 요즘 사람들은 나눔이 세상에서 가장 자연스러운 행위임을 점점 까먹는 것 같다. 얼마 전 대학 캠퍼스 잔디밭에 학생들이 모여 점심을 먹는 광경을 보았다. 모두가 각자 싸온 음식을 먹기 시작했는데 한 학생만 가져온 게 없어서 앞만 보고 있었다.

"왜 나눠 먹지 않아?"

나의 질문에 학생들은 이해할 수 없다는 표정으로 쳐다보았다. 나눠 먹어야 한다는 생각을 아예 못한 것이다. 그 학생들이 특별히 이기적이어서 그런 게 아니다. 서로 나누는 것이 당연하다는 생각 자체가 점점 사라지고 있다.

친구들끼리는 무엇을 나눌 수 있을까? 왜 친구끼리는 특히 더 너그러운 마음이 필요할까? 너그러운 친구는 대가를 바라지 않고 나누어준다. 친구의 약점이나 실수도 너그럽게 눈감아준다. 무엇이 옳고 그른지보다 함께해서 행복한 게 더 중요하기 때문이다. 자기 권리를 주장하지 않고 비난도 삼간다. 친구가 똑똑 문을 두드리면 하던 일을 멈추고 달려가 문을 연다. 친구의 고양이를 맡아주고 치매 걸린 친구의 엄마와 산책을 한다. 이런 일상의 작은 나눔이 마음의 밑바닥을 건드린다. 그 작은 몸짓을 통해 서로의 신뢰와 온기를 느낄 수 있다.

너그럽지 않은 우정은 생각할 수 없다. 너그러운 마음은 우정의 바퀴를 돌리는 윤활유다. 시간을 들이고 인내하며 사랑을 선사하고 경청하고 마음을 열고 상대의 경험에 참여한다. 서로에게 너그럽지 않다면 우정은 오래갈 수 없다. 관계는 서로 나누며 마음을 보여주는 곳에서만 탄생하기 때문이다.

아리스토텔레스도 『니코마코스 윤리학』에서 요즘의 자기계발서 못지않게 너그러운 마음을 칭송했다. 철학자 한나 아렌트 Hannah Arendt 와 쇠렌 키르케고르 Søren Kierkegaard 역시 그랬다. 두 사람은 단호하게 너그러운 마음으로 뛰어들라고 조언했다. 나는 의도적으로 '뛰어들라'는 표현을 사용했다. 그것이 자신을 내주겠다는 결단을 요하기 때문이다. 보상을 기대하며 계산하지 않겠다는 결심이 필요하기 때문이다. 나는 주는 것이 좋아서 주는가? 그것이 햇살이 비치는 것처럼 자연스러운 것인가? 모든 우정에 제기되는 질문이다. 우정이란 주고받으며 살아가는 것이다. 그 말은 해묵은 상실의 불안을 이겨낸다는 뜻이기도 하다. 나의 일부를 잃어버릴지도 모른다는 불안감을 극복한다는 뜻이기도 하다. 너그러운 마음은 이런 불안을 이기고 자신의 한계를 넓혀나간다는 뜻이다.

또한 친구의 마음을, 도움을 받을 줄도 알아야 한다. 남의 도움을 받는 것이 죽기보다 싫다는 사람들이 의외로 많다. 마음이 삭막해져서, 혹은 자존심이 상해서 도움 받기를 거부한다. 남에게 의지한다면 독립적이고 자율적인 삶을 살 수 없을 것 같아서일까. 그러나 그런 것이 독립적인 삶이라는 착각에 빠져 산다면 자신의 성공을 자축할 수 있을지는 몰라도 즐기지는 못할 것이다. 그런 삶이, 그런 성공이 얼마나 고단하고 외롭겠는가. 즐기려면 사람의 온기가 필요하다. 내가 누구인지는 결국 어떻게 무엇을 주고받을지에 달려 있다.

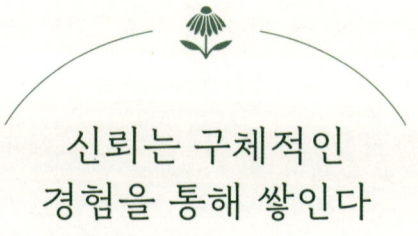

신뢰는 구체적인
경험을 통해 쌓인다

걱정으로 잠 못 이루는 새벽 세시, 당신은 누구에게 전화를 걸 텐가? 누구에게는 절대로 전화를 걸지 않을 것인가? 이것은 우리가 누구를 신뢰하고 누구를 신뢰하지 않는지 알아내는 데 적절한 질문이다. 왜 신뢰가 구원의 손길일까? 우리가 신뢰를 그토록 바라기 때문이다. 우리는 항상 신뢰의 손을 잡는다. 서로가 필요하다는 사실을 몸으로 느낀다. 함께 있으면 우리는 더 강해진다. 신뢰가 없다면 우정도 없다.

친구 임마와 스페인의 한 마을에서 텐트를 치고 밤을 지새우던 그날도 아름다운 신뢰가 가득한 시간이었다. 말이 필요 없었다. 우리를 감싼 고요만으로도 우리는 충분히 아늑했고 행복했다.

"넌 날 믿을 수 있어?"

우정의 기틀이 되는 그 질문엔 말 없는 대답만이 오간다. 쏟아질 듯 하늘을 수놓은 별, 소나무 향기와 바다 내음, 우리의 가슴을 가득 채우던 따뜻한 온기. 서로를 더 많이 알기 위해 억지로 말을 늘어놓을 필요가 없다. 신뢰는 감정에서 나오는 것이지 사실의 종합에서 나오는 것이 아니다. 신뢰는 함께 나눈 경험에서, 오가는 마음에서 나온다.

"난 널 믿어."

어쩌면 이것이 친구에게 들을 수 있는 가장 아름다운 말일지도 모른다. 신뢰가 가득한 관계는 불안으로 뜨거워진 머리를 식힌다.

지금도 나는 내 친구가 갑자기 스페인에 나타났던 그 순간을 생각하면 온몸에 소름이 돋는다. 지갑을 도둑맞아 신분증을 잃어버렸다고 전화를 했더니 우리 집에 들러 내 여권을 챙겨 들고 스페인까지 한걸음에 달려온 것이다. 우리는 상대에게 듣기 좋은 말을 해줄 때 신뢰라는 단어를 부담 없이 입에 올린다. 하지만 진정한 신뢰란 훨씬 더 많은 것을 의미한다. 신뢰는 여행지에서 난감한 상황에 처해 당황해하는 나를 구해주었다.

신뢰는 날씨와 비슷하다. 누구나 이야기하지만 어떻게 해서 그렇게 되는지 결국 아무도 모른다. 의미 역시 비슷하다. 나쁘거나 실망할 때만 이야기하니까 말이다. 신뢰도 잃어버리고 나야 곰곰이 생각하게 된다.

믿지 못하면 괴롭고 힘들다. 옛사람들도 그렇게 말했다. 불신은 잘난 척하거나 사사건건 확인하고 또 확인해야 직성이 풀리는 의심 많은 사람들의 몫이다. 믿지 못하는 사람은 그 불신으로 인해 다시 불신의 불을 지핀다. 그 사람 자체가 불신의 정당함을 입증하는 증거들을 내놓을 테니까 말이다. 불신하면 긴장하고 스트레스가 쌓인다. 무엇보다 불신은 우정을 망칠 수 있다. 서로를 염탐하고 살피는 불신의 관계에선 그 누구도 마음이 편할 수 없다.

물론 불신의 불길이 타오르는 데에도 이유는 있다. 문득 마음의 경고음이 울리는 것이다. 과거의 경험을 되새겨 같은 실망을 미연에 방지하고 싶은 마음 탓이다. 덕분에 우리는 잘못된 판단을 수정하고 가짜를 발각해낼 수 있다. 하지만 많은 경우 불신은 오작동을 일으킨다. 그 경보음이 현재의 행동보다 과거의 경험 때문에 울리는 경우가 더 많기 때문이다. 많이 속고 이용당하고 배신당하며 살아온 사람이라면 이런 과도한 반응을 보이는 게 충분히 이해된다. 그럼에도 힘든 마음을 이겨내고 자신의 경험과 불안에 대해 이야기하는 것이 필요하다. 모든 경험은 새롭게 찾아오기 때문에 과거의 경험을 현재에 적용할 수는 없다. 우리 모두에게는 새로운 기회가 열려 있다.

"열쇠 줄 테니까 나 없는 동안 아무 때나 이용해."

친구가 휴가를 가면서 내게 집 열쇠를 건넨다. 그녀의 신뢰는 물질적인 것이 아니다. 나를 더 부자로 만들지는 못하지만 나를 더 나은 인간으로 만들어주는 마음의 재산이다. 신뢰는 우리를 더 나은 인간으로 만든다. 신뢰는 서로 나눌수록 더욱 커진다. 신뢰는 주는 것이 행복하다는 믿음을 키운다.

신뢰는 강요할 수 없다. 내가 믿는 이가 나를 소중하게 생각한다는 깨달음을 바탕으로 생기기 때문이다. 신뢰는 서서히 쌓아가며 쉬지 않고 조율해야 한다. 불신은 순식간에 생겨나므로 우정에 금이 가는 것도 한순간이다. 아주 사소한 것, 몇 마디 소문이나 오해에도 신뢰는 와르르 무너진다.

친구에게 정성껏 준비한 식사를 대접했건만 친구는 잘 먹었다는 말 한마디가 없다. 친구에게 정성껏 꽃다발을 선물했는데도 고맙다는 인사조차 하지 않는다. 불신은 그런 사소한 오해의 틈을 비집고 들어와 세력을 확장한다. 불신은 스스로 힘을 키운다. 잠깐의 방심이 소용돌이를 일으키고 판결을 내린다. 어떻게 될까? 답답한 침묵과 서먹한 거리감이 뒤따른다. 안타깝지만 자존감이 낮을 사람일수록 이런 불신의 소용돌이에 휘말리기가 쉽다.

근본적으로 불신은 맹목적 신뢰와 비슷하게 작동한다. 둘 다

자세히 보지 않고 알려고 하지 않는다. 관심을 두지 않고 거리를 취하는 것이, 모른 채 방관하는 것이 더 편하기 때문이다. 그러나 신뢰는 애정과 교류와 시간이 쌓일 때 자라난다. 신뢰는 경험에서 쌓이고 경험은 시간을 필요로 한다.

친구 사이라면 더욱더 신뢰를 쌓기가 쉽다. 모든 일을 혼자서 처리하겠다거나 스마트폰으로 해결하겠다는 생각만 버리면 된다.

"같이 산책 갈래?"

"우리 집에 와서 같이 잼 만들자."

"내가 쓴 글 한번 봐줄래?"

이런 작은 만남의 제안이 상대를 신뢰한다는 구체적 증거가 된다. 거부와 거절이 돌아올 수도 있겠지만 힘든 주제에 대해서도 서로 이야기 나누겠다는 의지와 각오만 있다면 만남의 제안은 계속될 것이다.

신뢰는 어디서 생기는 것일까? 일단 이 질문에 대답해보자. 당신은 말대로 행동하는가? 친구가 잘되기를 바라는 마음에서 행동하는가? 내가 건넨 신뢰를 상대가 되돌려주리라는 믿음으로 행동하는가? 원리는 어디서나 같다. 먼저 당신이 시작하라. 확인하지 말고 계산하지도 말고 모험에 뛰어들어라. 당신이 먼저 친구에게 신뢰를 선사하라. 그러자면 자신에게 충실해야 한다. 강하고 단단해지는 것, 그것 역시 신뢰라는 말의 숨은 뜻이다. 친구에게 신뢰를 선사하는 사람은 친구를 독립적이고 성숙한 사람으로 만들 의무가 있는 것이다.

서로를 믿고 의지하는 것은 신뢰의 전 단계다. 신뢰는 신뢰성으로 시작된다. 둘 다 우정의 기본 원칙인 상호성을 따른다. 받으면 준다. 여기에 너그러운 마음까지 보탠다면 받은 것보다 더 많은 것을 돌려줄 수 있을 것이다. 이것이야말로 진정한 우정의 비밀이다.

신뢰는 미래로 향한 창을 연다. 이곳에서 친구가 달려가고자 하는 방향이 그려지기 때문이다. 그럼에도 신뢰는 결국 나만의 착각이어서 실망으로 끝날 위험을 안고 있다. 친구가 정말로 믿을 수 있는 사람이라는 보증은 없다. 어쨌든 이솝 우화 「곰과 두 친구」처럼 위험에 빠진 친구를 두고 나 혼자 살자고 내빼는 친구는 믿을 수 없을 것이다. 우정의 기틀이 되는 최고의 가치는 결국 신뢰이기 때문이다. 외톨이건 친구가 많건, 신뢰가 없다면 아무것도 할 수 없다.

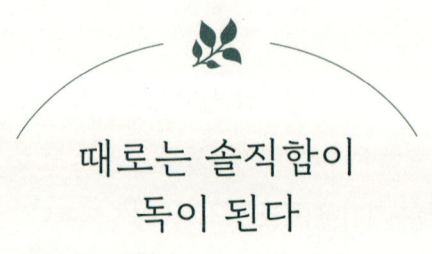

때로는 솔직함이
독이 된다

1978년 스위스 풍자 잡지 《네벨스팔터Nebelspalter》에 실린 기사에서 이런 글귀를 발견했다.

"서로 잘못한 게 있으면 솔직하게 말해주자고 친구와 약속했다. 어떻게 되었을까? 5년 전부터 우리는 말을 섞지 않는다."

이런 참담한 결과가 나올 수 있는데도 언제나 솔직해야 할까? 철학자 이소 카마르틴Iso Camartin은 우정을 인체에 비유했다. 손은 도움, 발은 인내력, 심장은 온기, 머리는 혜안을 갖춘 관심과 사랑을 상징한다고 말이다.

"우정이 직립해야 한다면 척추가 필요할 것이고, 이 척추는 사람들이 정직이라고 부르는 진실의 의무다."

그러니 우정이라는 것은 정직의 의무에서 벗어날 수 없는 것일까? 나 역시 진정한 친구에겐 유쾌한 일이건 불쾌한 일이건 모든 것을 말할 수 있고, 또 말할 권리가 있다고 생각한다. 무엇보다 우정은 사랑의 한 형태이기 때문에 친구라면 서로에게 진실을 요구할 수 있기를 바라 마지않는다. 이렇게 쓰고 보니 철학자 칸트의 정언 명령(인간이 절대적으로 지켜야 할 도덕 법칙) 같다. 하지만 절대적 태도에 도달하기에는 인생이 너무 짧기에 나는 어느 정도의 제한을 허락하고 싶다. 정직이 상대에 대한 배려와 사랑에서 나온 것일 때만 정직하자고 말이다.

정직의 소양을 키우기에 우정보다 더 좋은 장소는 없을 것이다. 우정은 약점을 거울처럼 비춰주고, 자기연민과 이기심의 성향을 고쳐준다. 상대가 우리에게 이렇게 외치기 때문이다. '그것이면 족하다. 나는 여기서 너와 함께하고 싶다.' 우정이 아니면 어디에서 이 한마디 말이 우리의 심금을 울릴 수 있단 말인가. '난 네 친구야! 문 열어. 나야! 자책 그만해! 고민하지 마!' 친구가 아니면 누가 이 한마디 말로 우리의 고민과 자책을 멈출 수 있단 말인가.

카린과 등산을 하면서 남편의 가족이 겪은 비극에 대해 이야기하고 싶었다. 그 일이 나를 힘들게 했기 때문이다. 하지만 그녀는 내가 하고 싶은 말을 이해하지 못하는 것 같았다. 아니면 내가 원하는 것과는 다른 차원에서 이해했는지도 모르겠다. 어쨌든 그녀의 위로를 기대하는 것이 무의미하다는 생각이 들었다. 하긴 애당초 그런 기대가 터무니없었을 수도 있다. 그녀는 카우보이 같은 여자다. 일단 쏘고 나서 왜 쐈는지 묻는 스타일인 것이다. 그런데 그날 나는 깜짝 놀랐다. 그녀가 스위스 치즈와 빵을 배낭에서 꺼내더니 말없이 내 손에 쥐어주는 것이다. 이상했다. 그 어떤 위로의 말보다 더 기분이 좋았다. 때로는 그런 무언의 몸짓이 큰 위로가 되는 법이다.

물론 좋게 좋게 넘어가거나 참고 지나가는 대신, 자세히 관찰하고 불편한 진실이나 가혹한 사실을 털어놓으려면 용기가 필요하다. 우정에 눈이 멀면 판단이 흐려지거나 친구나 자신의 약점이나 실수를 못 보고 지나칠 수 있기 때문이다. 자세히 지켜보고 개입하는 대신, 고개를 돌리거나 비겁함과 기회주의의 뿌연 안개 속으로 도망쳐버리는 것이다.

정직은 우정의 기본요소지만 지나치게 미화되는 경향이 있다. 친구 사이에서 일어나는 일을 무조건 공개해야 하는 건 아니다. 그것이 오히려 친구를 무안하게 하거나 친구의 마음을 다치게 할 수도 있다. 따라서 정직함의 진정한 원동력이 무엇인지 한번 자문해봐야 한다. 혹시라도 마음 한켠에 친구를 무시하거나 시기하는 마음이 없을까? 우정이라는 이름으로 배신하는 것보다 혐오스러운 것은 없다. 그것보다는 차라리 대놓고 공격적인 편이 낫다. 그럼 적어도 방어는 할 수 있을 테니 말이다.

나는 본능적인 공감을 강조하고 싶다. 우정에서는 귀 기울여 듣는 마음에서 나오는 공명의 소리가 필요하다. 목소리의 울림을 듣고 동작과 손짓을 보고 이성이 놓치기 쉬운 의도를 파악한다. 다가가고 싶고 멀어지고 싶은 마음, 자신의 요구와 상대의 요구, 상대가 할 수 있는 것과 힘겨워하는 것을 세심하게 조율할 줄 알아야 한다. 그 부드러운 겸양은 혹시라도 상처가 될까 봐 입을 다무는 마음이다. 상처가 될지 몰라 내 감정을 억누르고 다스리는 게 생각나는 대로 까발리는 '발가벗은 진실'보다 훨씬 인간적인 선물일 것이다. 부정직의 늪보다 브레이크 없이 쏟아져 나와 몽둥이처럼 상대를 후려갈기는 진실이 더 우정을 깨뜨린다. 친구의 턱 앞에 진실을 들이밀고 나면 내 속은 시원할지 몰라도 친구의 마음엔 깊은 골이 파일 수 있는 법이다.

친구에게 오늘 요리가 형편없었다고 솔직히 말하는 것보다 살짝 눈감아주는 편이 더 나을 수 있다. 호들갑스럽게 칭찬을 늘어놓는 나를 친구는 이런 재미난 기도로 한 방 먹였다.

"하느님, 저렇게 어이없는 칭찬을 지어내는 그녀를 용서하시고, 그럼에도 그 말이 듣기 싫지 않은 저를 용서하소서."

우정은 엄격한 진실 찾기나 고백의 강요가 아니다. 내가 믿을 수 있는 사람이 내 곁이 있다는 느낌이 백 마디 말보다 더 진실할 수 있다. 우정은 친구가 자신의 삶을 깨닫고 잘 살아가게 돕는 것이다. 그러자면 맹목적 진실보다 배려와 공감, 따뜻한 온기가 더 필요하다. 사랑의 눈으로 서로를 바라보는 것이 더 필요하고 더 중요하다.

타인에 대한
실망은 착각에서 비롯된다

그녀가 말했다.

"내가 널 잘못 생각했네!"

이 말은 우정의 신뢰가 참으로 허약하다는 것을, 우리 인식의 한계는 아주 사소한 사건을 통해서도 드러날 수 있다는 것을 보여준다. 친구에게 이런 말을 하게 되는 이유는 다른 사람들보다 친구의 행동에서 더 많은 것을 간파하기 때문이며, 친구에게 더 큰 기대를 걸기 때문이다. 난 너와 내 인생의 시간을 함께하고 싶어. 그것이 우리 둘에게 유익하리라 생각하니까. 이런 기대로 한껏 부푼 우리는 지금껏 가보지 못한 길을 약속하는 미래를 바라본다. 하지만 우리가 미처 생각하지 못한 게 있다. 기대가 클수록 실망의 아픔도 큰 법이다. 실망이 찾아오면 모든 것이 갑자기 다른 의미를 띠고 지금껏 좋기만 하던 것에도 일그러진 빛이 드리워진다.

친구 우테한테서 전화가 왔다. 고민이 있으면 우테는 늘 나한테 전화로 상담을 청한다. 그녀는 언제나 깔끔한 옷차림에 머리를 단정하게 묶고 예의가 바르다. 그녀에게선 항상 빛이 난다. 좋은 직장도 멋진 구두도 진주 목걸이도 반짝거린다. 그런 그녀에게 시련이 닥쳤다. 그녀의 능력에 한참 못 미치는 자리로 발령이 난 것이다.

"그래서 어떻게 했어?"

나의 물음에 그녀는 대답했다.

"아무 소리도 안 했지. 그냥 내 마음을 추스르는 중이야."

그 말을 듣고 나니 어쩔 도리가 없었다. 그녀의 투지를 키우는 훈련을 하는 수밖에.

며칠 뒤 우테가 나에게 상담을 받기 위해 찾아왔다. 우리는 몇 가지 브레인스토밍을 진행했다. 나는 우테에게 말했다.

"사장한테 가서 속엣말을 하고 나면 기분이 얼마나 좋을지 상상해봐!"

우테는 좋은 생각이라며 이제부터 나를 정기적으로 만나서 위기관리법을 배우고 싶다고 했다. 우테는 스케줄까지 체크하며 적극적으로 나왔지만 나는 한 걸음 뒤로 물러섰다. 우리는 서로에게 많은 것을 나누어줄 수 있지만 이런 식의 업무적 관계는 서로에게 도움이 안 될 것 같았다. 그녀는 그녀대로 불만이 있어도 솔직히 말할 수 없을 테고, 나는 나대로 부담이 크겠다 싶었다. 전문 상담사를 소개해주는 것이 가장 좋은 방법일 것이다. 자기 의지가 아니라 강요로 가까워진 관계는 오히려 고독이나 외로움보다도 더 나쁠 수 있는 법이다. 개인 심리치료사가 되어달라는 우테의 부탁을 거절하자 그녀는 마음이 상해서 말했다.

"내가 널 잘못 생각했네."

그녀는 내 탓을 했다. 다른 방도가 없었기 때문이다. 예전 같으면 나도 죄책감을 느꼈을 것이다.

살다 보면 누군가가 나의 가장 예민하고 아프며 불안한 지점을 건드리는 순간이 있다. 대부분 전혀 예상치 못하고 있다가 너무 아파서 화들짝 놀란다. 우리가 충분히 깨어 있는 상태로 정신을 집중하고 있지 않았기 때문이다. 어쨌거나 모든 기만과 모욕은 결국 착각에서 비롯된다. 특히 심금을 울리는 일이나 감정일수록 착각에 빠지기 쉽다. 우정은 착각에 취약할 수밖에 없다. 친구의 많은 것을 보려 하지 않아서 자발적으로 착각에 동조하기 때문이다.

내가 잘 아는 지인 둘이서 일주일 동안 별장에서 휴가를 보내겠다고 했다. 그 소식을 들은 주변 사람들이 하나같이 고개를 저었다.

"뭐? 그 둘이? 그건 아닌데."

도착하자마자 한쪽이 "여자의 일은 끝이 없어!"라고 한숨을 쉬면서 유리창을 향해 달려갔다. 별장이 구석이고 더러워서 도저히 청소하지 않으면 못 배길 것 같았기 때문이다. 하지만 다른 쪽은 청소할 생각이 전혀 없었다. 휴가까지 와서 무슨 청소란 말인가? 좀 더러워도 참고 풍경이나 즐기고 산책이나 하다가 돌아가면 되는 것이다. 의견이 조율될 가망은 없어 보였다. 설사 별장이 깨끗했다 해도 어차피 완벽한 휴가를 보내지는 못했을 거라고 두 사람은 이미 알고 있었다. 아무리 노력해도 그들은 별장에서 느꼈던 기분을 그들의 관계와 별개로 생각할 수가 없었다. 어쨌든 휴가가 끝날 무렵 두 사람은 자신들의 우정이 모래 위에 지은 집이었다는 사실을 뼈저리게 느꼈다.

문제는 이런 착각에서 어떻게 빠져나올 것인가다. 불신, 분노, 적개심, 절망, 체념, 복수심을 품은 채? 아니면 깨달음을 통해 더 성숙하고 더 현명한 사람이 되어서? 착각을 통해 성숙해지는 과정은 분명 힘들고 고단한 내면의 작업이다. 그러나 나이가 들수록 인생의 밝은 면을 향한 갈망은 커지고, 세상을 더 여유 있게 바라볼 수 있는 능력도 커진다. 안 그래도 삶은 온갖 고통을 선사한다. 그 고통만 해도 벅찬데 굳이 불필요한 고통을 더할 이유가 있을까?

우정의 방문을 잠그지 않고 열어두는 것도 나름의 결정이다. 내 우정의 문 위에는 그에 더해 "계속 가자"는 글귀가 붙어 있다. 그러자면 자제와 극기만이 아니라 상대가 잘되기를 바라는 마음도 필요하다. 똑같은 레퍼토리로 싸움을 지겹게 반복할 게 아니라 확 뒤집어 정반대의 모습으로 대처할 필요가 있다. 비꼬거나 쏘아붙이지 말고 그냥 입을 다무는 것이다. 무시당할 거라는 걱정은 말자. 오히려 한쪽에서 입을 다물면 갑자기 상대가 귀를 쫑긋 세우게 된다. 그리고 상대가 경청하니까 굳이 쏘아붙일 이유가 사라진다.

오해를 주고받는 악순환의 고리는 아주 쉽게 끊을 수 있다. 그저 서로를 허락하기만 하면 된다. 모두가 다르다는 것을, 생각도, 기분도 다르다는 것을 받아들이기만 하면 된다. 그리고 무엇보다 귀를 열어야 한다. 그것이 오해를 푸는 최선의 길이다. 상대의 말을 귀 기울여 듣지 않아서 생기는 오해와 착각이 얼마나 많은지 모른다.

상대가 지금 내 말을 들어줄 상황이 아닌데 그 사실을 깨닫지 못하고 원망하는 경우도 있다. 고집만 부리지 말고 공감하고 개입한다는 의미에서 계속해서 나아가야 한다. 그러자면 용기가, 넓은 마음이 필요하다. 고개를 돌려 상대가 지금 어디쯤에서 멈췄는지, 지금 내 말을 들을 여건이 되는지 살펴야 한다. 이런 종류의 공감은 심장의 귀로 듣는 것처럼 아주 나직하며, 예민하게 주파수를 잡아내는 더듬이나 안테나와 같다. 다행히도 우리 모두에겐 그런 공감의 지점이 있다. 그 사실을 기억하는 사람이라면 어떻게 말해야 상대가 마음을 열 수 있을지도 잘 알 것이다.

공감할 수 있는
취향을 공유하자

친구 게르트는 아름다움에 관해서라면 내게 스승이다. 나는 그에게서 도덕과 미학의 차이를 배웠다. 그는 염소를 키운 경험이 있고 덕분에 염소치즈를 싫어하게 됐지만 그것만 빼면 고집불통이 아니다. 그는 시골 마을 의사인데 집에서 멀지 않은 곳에서 감탄할 만한 비밀 장소들을 계속 찾아낸다. 텔레비전이나 스마트폰을 좋아하지 않기 때문이다. 그 점에서도 우리는 뜻이 맞았다. 이 세상엔 텔레비전이나 스마트폰보다 아름다운 게 정말 많지 않던가. 매일 새로운 것을 찾고 싶은 충동을 따르기만 하면 된다.

그는 염소로부터 도덕적 훈계는 통하지 않을 때가 더 많다는 것을 배웠다. 해 질 무렵 염소들을 우리로 몰아넣으려면 도무지 말을 안 들어서 애를 먹는다. 그렇게 이리 도망치고 저리 달아나는 염소들과 씨름을 하다보면 슬슬 화가 치밀고 결국 몽둥이를 들이밀 수밖에 없다. 아무리 사정해도 말을 안 듣던 염소들은 몽둥이를 치켜들면 언제 그랬냐는 듯 고분고분 말을 잘 듣는다.

이 이야기의 교훈은 이것이다.

"아름다움을 향한 너의 갈증을 따르라."

게르트는 항상 개방적이며 아름다움에 대한 꿈을 잃은 적이 없다. 내가 그를 좋아하는 이유다. 내가 새로운 아이디어를 늘어놓거나 이미 세운 계획의 방향을 틀자고 해도 그는 단 한 번도 싫은 내색을 한 적이 없다. "와, 이 산딸기 너무 맛있겠다! 너무 아름다워! 우리 이거 따자." 그러고 나면 그는 어느 날엔가 직접 만든 산딸기잼을 들고서 내 앞에 나타난다.

그의 행동에는 심미적인 것이 담겨 있다. 그에겐 그만의 스타일이 있다. 도덕과는 전혀 관련 없는 스타일이다. 그의 몸짓은 말보다 많은 말을 한다. 만날 때마다 그는 자기 집 앞마당에서 꺾어 만든 꽃다발을 내게 건네고, 그 꽃을 받아든 나는 모차르트의 음악을 들을 때와 비슷한 기분이다. 이유는 말할 수 없어도 우리 사이에 일어나는 일은 다 잘될 것 같은 그런 기분이 든다. 세상에 단 하나밖에 없는 꽃다발은 그의 본성을 말해주고 우리의 우정을 말해준다. 그가 내게 꽃을 선물하는 것은 우리가 친구이기 때문이다. 우리는 우리가 왜 서로에게 자신의 재능을 선사하는지 그 이유를 오래 고민하지 않는다. 남들에게는 해주지 않는 것을 친구에게는 해주는 법이니까. 저널리스트 주잔 지츨러Susann Sitzler는 우정에 대해 이렇게 말했다.

"친구는 우정에 대한 우리의 신뢰를 굳건히 다지고, 그럼으로써 너무 크고 막막하고 위험해 보이는 이 세상에서 안전한 피난처를 마련한다."

물론 그렇다고 해서 내가 이 친구에게 이성의 감정을 느끼는 것은 아니다. 하지만 서로에 대한 이런 배려는 이타적이고 다정할 뿐 아니라, 상대가 우리 마음에 일깨우는 사랑의 감정으로 인해 실제로 매우 아름답다.

함께 음악을 듣다가 한쪽이 이렇게 말한다.

"이 음악 너무 아름다워. 조금 더 듣자."

이것은 우정을 키우는 아름다움의 순간이다. 그림이든 친구든 아름답다고 생각하는 것은 우리가 사랑하는 것이다. 그것은 우리가 누구인지 알려준다. 우리가 어떤 사람인지를 그것이 함께 결정하기 때문이다.

그러므로 친구와 미적 취향과 견해가 엇갈려 관계가 어색해지면 중대한 문제가 발생한다. 왜 그럴까? 철학자 알렉산더 네하마스Alexander Nehamas는 친구 사이에는 예술 작품에 대한 평가를 따로 떼어 생각할 수 없다고 말했다. 예술 작품을 감상하는 태도에서 각자의 개성이 드러나고 서로 다른 심미안이 상대방에 대한 호감이나 거부감을 불러일으킬 수 있기 때문이다.

게르트와 함께 있으면 아름다움과 즉흥성이 가능한 이유가 무엇일까? 우리가 서로에게 서로의 충동과 아이디어를 실현하고 꽃피울 수 있게 허락하기 때문이다. 또 아름다움을 바라보는 시각이 같기에 그의 아이디어를 따분하다고 느껴본 적이 단 한 번도 없었다. 아마 우리가 쓸데없이 권력 다툼을 벌이지 않기 때문일지 모른다.

또 어쩌면 게르트가 정원을 무척 아끼는데, 그곳은 그가 식물을 심고 가꾸는 장소일 뿐 아니라 감정을 다스리고 살피는 곳이기 때문일지 모른다. 그는 꽃을 심고 잡초를 뽑고 땅을 파고 가지를 치고 물을 주며 혹사에 가까울 정도로 열심히 정원을 가꾼다. 구부정한 그의 등만 봐도 그가 얼마나 열심히 일하는지 잘 알 수 있다. 물론 그의 굽은 등은 환자들과 함께하는 평일의 시간이 얼마나 고단한지도 말해준다. 하지만 어쩌면 그가 하루 종일 환자들의 이야기를 들어줄 수 있는 것은 정원에서 얻은 힘 덕분인지도 모른다.

해가 지면 그는 정원으로 나와 자연과 이야기를 나눈다. 그가 환자들에게 선사하는 치유의 에너지와 사랑은 해가 진 정원의 아름다움에서 길어낸 것인지도 모른다. 그 아름다움 덕분에 그는 친구들에게도 사랑과 열정을 선사할 수 있는 것이다.

● 5장

우정의
깊이를 더하는
행동의 힘

관계의 실천 ✽

도움을 청하는 것도
애정의 표현이다

얼마 전, 나는 스위스 바젤역 승강장에서 그만 몸을 다쳤다. 기차가 떠나려 하자 한 젊은이가 정신없이 달리다가 나를 친 것이다. 요골 골절! 어쨌거나 나는 누군가의 도움 없이는 아무것도 못하는 처지가 되고 말았다. 하지만 걱정도 잠시, 전화 한 통으로 모든 문제는 해결되었다. 친구 겔라와 베노가 곧바로 달려온 것이다. 옷 입기, 운전하기, 병원 가기, 깁스 방수 커버 사기…… 둘이서 팔을 걷어붙이고 나서니 모든 문제가 척척 해결되었다.

나는 힘든 순간 친구들이 건네는 도움을 포기하고 싶지 않다. 요즘은 일상의 온갖 골치 아픈 일도 인터넷에서 클릭만 하면 모두 해결된다. 돈을 받고 도움과 편리함을 제공하는 업체들이 우후죽순 생겨난다. 서로에게 도움을 청하는 것이 날로 어려워지기 때문이다. "같이할래?", "오늘 시간 있어?" 요즘엔 이렇게 바로 묻지 않는다. "이런 말 꺼내기 미안한데……", "실례인 줄 알지만 물어볼게." 이렇게 뜸을 들이며 조심스럽게 말문을 연다. 예전에는 무슨 일이든 친구한테 먼저 물었는데 요즘엔 찾다 찾다 도저히 다른 방도가 없을 때 어쩔 수 없이 친구에게 도움을 청한다.

독일 알렌바흐 연구소의 설문조사를 보아도 친구가 아플 때 곁을 지키겠다고 대답한 사람은 3분의 1에 불과하다. 물론 시대가 변했고 또 나이가 들면 경제적으로 여유가 있으니 돈을 주고 서비스를 이용하는 것도 나쁘지 않을 것이다. 하지만 긴 여행에서 돌아왔을 때 에어컨 빵빵한 택시보다 따뜻하게 나를 환영하는 사람들이 그리울 때가 있다. 손을 잡고 온기를 느끼며 수다도 떨면서 마침내 돌아왔다는 푸근함을 느끼고 싶은 것이다. 돈으로는 살 수 없는 '털 고르기'가 그리운 때가 있다.

어떤 일이 생겨도 누군가를 불러 척척 해결할 줄 아는 사람들이 있다. 이들은 돈을 지불하지 않는다. 그들 스스로도 누군가 필요할 때 달려가 손을 보태기 때문이다. 그들은 혼자서는 너무 작다는 사실을 깨달은 사람들이다. 그들에게선 푸근한 만족이 느껴진다. 나는 나무를 조립해 선반을 만들 줄 모르지만 친구를 위해 번역을 해주고 글을 고쳐줄 수는 있다. 그런 순간 느껴지는 만족과 고요한 기쁨은 절대로 잃고 싶지 않다. 옛말에도 있지 않은가.

"함께 웃은 사람은 잊어도 어려울 때 도와준 사람은 잊지 못한다."

이쯤에서 의문이 든다. 과연 우리 모두는 "상대의 본성을 사랑하는" 아리스토텔레스의 윤리적 우정을 실천해야 할까? 서로를 이용하는 우정은 대체될 수 있고 지속될 수 없다고 무시하는 그런 까마득히 높은 윤리의 탑을 올라야 할까? 우리 모두는 도덕과 약점이 뒤섞인 존재다. 드높은 이상이 유익하기는 하지만 무거운 트렁크를 끌 때나 닭고기 수프를 끓일 때는 보다 구체적인 도움이 필요한 그런 존재 말이다. 그러기에 친구 사이에선 "도와줘"라는 곤란한 말도 수치심과 죄책감 없이 할 수 있어야 한다. 친구는 계산하지 않는다는 사실을 서로에게 전달하는 것이 더 중요하다. 친구 사이에 주고받는 도움은 곧 '나는 네가 소중해'라는 신호이기 때문이다. 그 마음을 말과 행동으로도 표현할 수 있어야 한다. 안타깝게도 현실은 그렇지 못하지만 말이다.

우리는 자라면서 늘 받는 것보다 주는 것이 더 낫다고 배웠다. 왜 그럴까? 도움은 친구에게 주는 선물이지만 자신에게 주는 선물이기도 하다. 도움을 줌으로써 자신이 쓸모 있고 너그러운 사람이라고 느끼기 때문이다. 친구에게 도움을 많이 줄수록 관계는 더 가까워진다. 도움이 필요한 상대는 그 도움을 받음으로써 우리에게 만족과 기쁨을 선사한다. 그러니 거꾸로 생각하면 아무것도 받지 않으려는 사람은 상대에게 만족을 느낄 기회를 앗는 것이다.

도움을 청하면 상대의 애정을 잃을 것이라는 믿음은 오해다. '남한테 폐 끼치고 싶지 않다'는 생각도 잘못된 전략이다. 그 도움이 상대에게 무슨 의미인지만 생각해봐도 알 수 있다. 그러니 진정한 친구라면 이런 과도한 죄책감이나 폐가 될지 모른다는 불안감을 버리고 상대를 배려 있고 능력 있는 인간으로 거듭나게 해줄 수 있어야 한다.

그렇다면 우리는 받기만 해야 할까? 물론 아니다. 친구에게 도와달라고 요청할 줄도 알아야 하고, 친구를 위해 팔을 걷어붙일 줄도 알아야 한다. 두 사람 모두가 서로에게 '네가 필요해'라는 느낌을 전해야 한다. 주말의 절반을 이미 망쳤다면 구원의 길은 단 하나다. 친구에게 기꺼이 도움을 청하는 것이다. 이 악물고 혼자 버티지 말고 친구에게 자전거 수리를 도와달라고, 분갈이를 도와달라고 전화하는 것이다. 우정은 시계추와 같다. 이쪽으로 갔다가 다시 저쪽으로 간다. 추는 쉬지 않고 움직인다. 살다 보면 친구만이 할 수 있는 일이 참 많다.

친구 사이에 주고받는 도움은
'나는 네가 소중해'라는 신호다.
그 마음을 말과 행동으로도
표현할 수 있어야 한다.

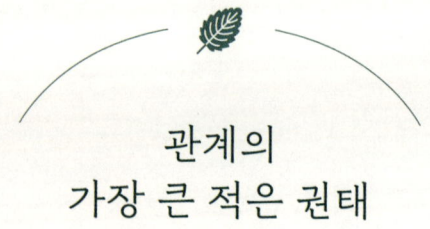

관계의
가장 큰 적은 권태

　나는 지금껏 한 번도 내가 먼저 우정을 끝낸 적이 없다. 내가 지나친 낙관주의자라서? 아니면 그럴 힘이나 용기가 없어서? 가족을 너무 많이 잃었기에 또 누군가를 잃는다는 것이 두려워서? 그도 아니면 애당초 친구에게 큰 기대를 걸지 않기 때문에? 혹은 내가 엉덩이에 시퍼렇게 멍이 들어도 말에서 내리지 못하고 계속 달리는 성격이어서? 내가 아는 것은 단 하나다. 친구라고 다 같지는 않다는 것이다. 더 가까운 친구들이 있으며, 아무래도 그들에게 더 큰 관심과 애정이 돌아간다. 그럼에도 나는 오랜 시간을 많은 친구들과 함께했고 그들을 통해 나 자신을 만들고 다듬었다.

　친구가 많은 것보다 더 중요한 것은 관계의 활기다. 친구를 만나면 더 많은 것을 경험하게 되는가? 유머와 웃음이 떠나지 않는가? 친구를 만나면 더 많은 것을 느끼고 배울 수 있는가? 평소에는 꿈도 못 꿀 모험심이 발동하는가? 무엇보다 우정에 대한 생각이 같은가?

친밀함은 거리가 없다는 뜻이 아니다. 친밀함은 시선에서 시작한다. 우리는 서로를 어떻게 바라보는가? 나를 나 자신일 수 없게 하는 집요한 관찰과 감시의 시선인가? 아니면 내가 나일 수 있도록 어느 정도의 거리를 유지하며 서로를 바라볼 수 있는가? 한 걸음 물러난 시선이 오히려 더 친밀감을 조성한다. 그것이 상대에게 진짜 자아에서 멀어지라고 종용하지 않는 존중의 시선이기 때문이다. 이런 시선엔 약간 은밀한 면이 숨어 있다. 완전히 드러내지 않고 살짝 가려주기 때문이다. 모두가 자유로울 수 있는 공간, 준비된 만큼만, 딱 그만큼만 자신을 드러내도 좋은 공간이다.

서로 주고받는 시선에서 이미 우정의 자유는 시작된다. 철학자 한병철도 자유는 원래 "친구와 같이 있다"는 뜻임을 강조한 바 있다. 인도게르만어에서 자유freiheit와 친구freund가 같은 어원 'fri'에서 나온 말이다. 그러니 자유롭다는 것은 관계를 맺는다는 뜻이다. 우리는 활기차게 살고픈 욕망을 나눈다.

이런 욕망을 나는 친구 시몬과 나눈다. 우리는 해마다 런던에서 만난다. 우리는 정말 다르다. 서로의 레시피가 너무 달라서 같이 스파게티를 요리할 수도 없고, 취향이 너무 달라서 영화를 같이 볼 수도 없다. 하지만 따로따로 영화를 본 다음에는 만나서 식당이 문을 닫을 때까지 쉬지 않고 떠들 수 있다. 그러고 나면 전혀 다른 사람이 된 것 같은 기분이 든다. 마치 새로 태어난 것 같다. 만날 때마다 매번 그런 느낌이 들고, 만나지 못하는 동안 상상했던 것보다 훨씬 아름다운 시간을 보낸다. 어쩌면 먼 거리가 특별한 형태의 친밀함을 가능하게 만드는 것 같다. 우리는 서로의 입에서 나오는 모든 말에 놀라고 감격한다. 서로에게서 다른 누구와도 나눌 수 없는 문장을 발견한다. 그 친구만이 지을 수 있는 생각의 실타래가 몇 년이 지나도 머리에 남아 있다. 어쩌면 서로 너무 다르지만 그 저변에 닮은 영혼이 숨어 있을지 모른다.

왜 모든 우정을 일상의 쓸모로 저울질하는가? 시몬과 나를 묶어주는 것은 공통의 가치관이다. '무용하기에 소중한 모든 것들'이다. 음악, 예술, 철학, 충직하고 열린 마음. 그것들 역시 오랜 우정을 가꿀 수 있다.

한 동료가 털어놓은 우정은 정반대의 모습이다.

"우리 둘은 뭔가 중요한 것을 잃어버린 것 같아. 매일 전화하며 찰싹 붙어 다니지 않으면 아예 연락 두절이거든. 내가 문자를 보내면 친구는 누가 쫓아오는 것처럼 바로 답장을 해. 내 메시지만 목 빼고 기다린 사람처럼 말이야. 그 조급함에 숨이 막혀. 그래서 내가 조금만 소홀하면 다시 안 볼 사람처럼 연락을 딱 끊어버리지. 정말 중간이 없어."

두 사람의 관계는 나이가 들면서 굳어지고 협소해졌다는 데 문제가 있다. 지금 우리가 생각하는 우정은 호기심과 열정을 따르던 예전의 우정과 많이 달라졌다. 그러니 다시 그 시절을 떠올려보면 어떨까? 우리가 그 시절 무엇을 함께 감행했는지, 어떤 모험에 뛰어들었는지, 어떻게 일상을 뛰어넘었는지 상기해보면 어떨까? 요즘 처세서들이 입을 모아 강조하듯 나이가 들어도 열정을 좇아야 하며 친구와 경험을 나눠야 한다. 재미난 체험을 왜 두려워하는가? 자신을 뛰어넘어 멀리 나아갈 수 있는 모험을 왜 겁내는가? 우정의 가장 큰 적은 권태다. 그러니 우정의 열한 번째 계명은 이러할 것이다.

"권태롭지 마라."

이제 우정의 창과 문을 활짝 열고 굳은 습관의 방으로 신선한 공기를 듬뿍 흘려보내야 할 시간이다. 답답하던 우정의 집을 산뜻하게 환기하고 새롭게 시작할 시간이다.

그런 이유로 카린과 나는 밤에 등산을 한다. 지금도 1년에 한 번씩 잊지 않고 이어온 의식이다. 캄캄한 곳에서 둘이 길을 찾으려 애쓰다보면 짜증도 나지만 우리는 모든 이성의 끈을 풀고 마음껏 즐기고 킥킥댄다. 이성이 시키는 대로 하자면 식당에 앉아 포도주나 홀짝이며 밤 등산에 코웃음 쳐야 할 것이다. 그러나 그랬다면 지금 우리는 그 시간을 기억하지 못할 것이다. 우리의 작은 산행은 평생 절대 잊지 못할 짜릿한 경험이니 말이다.

남들이 깜짝 놀랄 만한 특별한 일을 해야 할 필요는 없다. 그저 진심으로 바라는 것을 하면 된다. 해야 한다고 생각하는 것을 하지 말고, 진정으로 하고 싶은 것을 하면 된다. 대단한 계획을 세우겠다고 애쓸 필요도 없다. 안전지대에서 나와 몇 발자국 걸어가기만 하면 된다. 잘 닦인 길이 아니어도 행복과 웃음은 있다.

나에게도
친절을 베풀자

엠마와의 갈등이 정확히 언제 어떻게 시작되었는지는 모르겠다. 한 10년 전 부쩍 가까워지면서부터인 것 같다. 물론 그전에도 갈등은 있었지만 소소했다. 갈등의 문제는 항상 패턴이 같다는 데 있다. 어릴 때는 아무거나 손에 잡히는 대로 집어 던지고 방문을 쾅 닫고 들어가고 연락을 끊으면 그뿐이다. 하지만 다 자란 어른이 그럴 수는 없다. 각본은 항상 같다. 서막, 본극, 결말. 그러니 참으로 울적하다. 늘 똑같은데 음조만 약간씩 바뀐다. 왜 사람들은 이렇게 고단하게 살까? 베르톨트 브레히트 Bertolt Brecht 는 『서푼짜리 오페라』에서 말했다.

"누군들 평화롭게 살고 싶지 않겠소? 상황이 안 되니까 그런 거지."

엠마는 늘 물건 이야기를 한다. "너 콘트라베이스 새로 샀더라? 구경해도 돼?" 그다음엔 우리 집 아프리카 문양 식탁보가 궁금하고, 그다음엔 나 보라고 오려왔다며 신문 기사 조각을 왕창 들고 나타난다. 얼마 전에는 또 이렇게 물었다. "너 양초 언제 만들어? 어떻게 만드는지 나도 알고 싶어. 솔직히 내가 양초에 관심이 많거든."

자주 만나도 우리는 개인적인 이야기를 거의 하지 않는다. 요즘 어때? 이런 소박한 인사조차 나누지 않는다. 왜 물건 이야기에 맴도는 것일까? 이것은 자신을 보호하기 위한 장치일 수 있다. 상대에 대한 부정적인 생각이나 거절당할지 모른다는 불안을 막기 위한 장치 말이다. 어쩌면 둘 다일지도 모른다. 어쨌든 무언가를 주거나 해주면 사랑이 돌아올 것이라고 배운 과거의 교훈 탓일 것이다.

적어도 나는 물건이나 선행을 베풀고 거절을 당해본 경험이 없다. 대부분 인정과 찬사를 들었다. 친구가 뭐가 됐든 선물을 했는데 비판을 하거나 불쾌한 말을 할 사람이 어디 있겠는가? 사실 그럴 경우엔 다른 선택이 없다. 예의 없는 인간이 되지 않으려면 무조건 고맙다고 해야 한다. 따라서 그런 행동 패턴에는 관계에 대한 일종의 통제가 숨어 있는 셈이다. 상대는 그 패턴에서 마음대로 달아날 수 없고 반향의 상호작용을 함께 결정할 수도 없다. 그저 반응하고 감사하고 친절하고 예의 바르게 행동해야 한다.

이런 물화의 패턴이 더 심화되면 일종의 집착이 될 수 있다. "연락 줘! 내 이메일에 왜 답장 안 해? 잠깐 들르지 않을래?"

쉬지 않고 답하고 반응해야 한다면 그 연쇄반응은 결국 부탁과 관심의 악순환으로 변질될 수 있다. 그리고 언젠가 달아날 핑계를 궁리하고 있는 자신을 발견하게 될 것이다.

이런 소용돌이에 담긴 기본 태도는 불신이다. 친구가 차마 말 못할 게 있어서 괜히 물건을 핑계 삼는 것은 아닐까? 내가 어떻게 했기에 친구가 말을 못하는 것일까?

친절하자. 나의 타협안은 이것이다. 자신에게도, 상대에게도 친절하자. 일상에선 그것으로도 충분하다. 이것은 양쪽 모두를 위한 선물이다. 일상을 더 아름답게, 사랑스럽게 만들고 긴장을 풀어줄 선물이 된다. 서로를 우정의 눈으로, 사랑의 눈으로 바라보려 노력하는 것이야말로 더 나은 태도로 가는 길이다.

● 6장

서로의
영감이
되어주다

창의성의 공유 ✱

누구에게나
창의력은 필요하다

하루도 글을 쓰지 않는 날이 없다. 오르간을 연주하다가, 부엌에서 밥을 하다가, 거실에 앉아 있다가, 기차를 타고 가다가, 카페에서 커피를 마시다가, 잠을 자려고 누웠다가, 언제 어디서든 문득 떠오르는 생각이 있으면 바로 펜을 꺼내 적는다. 그중에는 부치지 않은 편지도 있고 순간의 기록도 있으며, 고민 끝에 나온 해석도 있고 나 자신과의 대화도 있다. 꿈 내용도 자세히 기록한다. 혹시 나중에라도 정신분석을 받게 될지 모르니까.

뭐니 뭐니 해도 내가 제일 좋아하는 시간은 밤이다. 바삐 움직이던 세상이 마침내 동작을 멈추고 고요에 잠기는 시간, 그런 시간엔 아침과 전혀 다른 문장이 탄생한다. 생각은 부드럽고 따뜻하며 둥글어지고 걱정은 줄고 비난의 칼은 무뎌지며 유머는 꽃을 피운다.

눈가의 주름에도 걱정이 담기기 시작할 무렵 나는 삶을 응용철학적으로 사는 연습을 했다. 다시 말해 더 이상 어두운 밤을 한탄하고 징징대지 않고 초를 켜고 마음속에 떠오르는 모든 것을 종이에 적는다. 불만과 투정보다는 나를 놀라게 하는 것, 나를 감동시키는 것, 감탄을 불러일으키는 것을 기록한다. 불평하고 비난하기에 남은 시간이 너무 적다. 모든 것은 나의 결정이다. 무엇을 원하고 원하지 않을지는 스스로 결정할 수 있다. 나는 내 삶을 적극적으로 가꿔나가고 싶다. 절대 삶에 끌려가고 싶지 않다.

창의력은 예술가들에게만 필요한 것이 아니다. 일상을 살아가기 위해서도 많은 창의적 생각과 행동이 필요하다. 순응을 이겨낼 힘, 숫자와 자료와 성과만 따지는 세상을 거부할 힘을 기르기 위해서도 창의력이 필요하다. 창의력은 외부 현실에 순응하지 않을 때만 도달할 수 있는 나의 진정한 모습을 보여준다.

네덜란드 작가 에티 힐섬Etty Hillesum의 일기장에는 이런 글귀가 적혀 있다.

"그 모든 것을 견디고 참아야 함에도…… 이것은 여전히 남는다. 사물을 인식하고 그로부터 나름의 이미지를 그려내는 나의 기쁨, 예술가의 기쁨 말이다."

그녀는 아우슈비츠로 끌려가기 전 이 글을 남겼다. 그녀는 젖 먹던 힘을 다 짜내어 마지막까지도 창의적 인식을 간직했다. 그리고 그것으로 나치 수용소의 잔혹한 현실을 변화시키고 뛰어넘었다.

최근에 단기기억에 문제가 생긴 내 친구 테아 역시 글쓰기를 통해 창의적으로 문제를 해결하고 있다. 그녀의 집 부엌과 서재 벽에는 메모지가 빼곡하다.

"기억이 안 나면 종이로 기억을 만들리라!"

그런 각오로 그녀는 떠오르는 모든 것을 메모지에 적어 기록한다. 그녀의 메모지에 적혀 있던 글귀 중 하나는 지금도 기억이 난다.

"불사신은 아니지만 나는 강하다."

실제로 일상을 살아내기 위한 그녀의 노력은 매우 의미 깊다.

과연 창의적이란 말은 무엇을 의미할까? 그것은 계속해서 새로운 것을 창조해야 한다는 뜻이 아니라 기존의 것에서 새로운 것을 만들어낸다는 뜻이다. 살다 보면 우리는 늘 질문과 만나게 된다. 이 사건은 길을 막는 장애물인가, 아니면 새로운 지평을 열어줄 가능성인가?

스위스 여성 예술가 에바 애플리Eva Aeppli는 50년 넘게 자신의 삶을 콜라주처럼 기록했다. 그 기록이 우리에게 멋진 아이디어를 제공했다. 그날 이후 테아와 나는 우리만의 인생 책을 만들기 시작했다. 인생의 파도가 우리에게 떠밀어준 것들을 콜라주처럼 모아 만든 기록이다. 그곳엔 우리가 주고받은 온갖 메모, 편지, 스케치, 만화, 캐리커처, 냅킨, 설탕 봉지, 말린 꽃, 잎, 사진, 엽서가 들어 있다. 우리의 인생을 고스란히 담은 그 모든 것이 오래오래 보관되고 싶다고 외친다.

그렇게 우리는 몇 년에 걸쳐 각자 나름의 방식으로 일종의 자서전을 집필했고, 가끔 서로의 기록을 들여다보며 감탄하고 재미있어하고 깊이 공감한다. 사소한 기억들은 너무도 빨리 잊히기에 망각에 저항하는 새로운 방식이 아닐 수 없다. 각자가 독자적으로 자신의 인생을 보관하고 기록하면서도 상대에게 활짝 자신을 열어 보이는 독창적인 방식이니까 말이다. 그렇게 우리는 서로의 자서전을 가장 먼저 들여다본 독자이자 각 인생 단계의 거울이 되었다.

내 삶을
다시 뛰게 하는 열정

　창의력이 없어도 사는 데 지장은 없다. 주변을 둘러보면 수많은 루틴과 패턴이 넘쳐나고 익숙한 생각과 행동들이 도처에 깔렸으니 말이다. 창의력은 돈으로 살 수 있는 게 아니다. 퇴근 후 여섯시부터 여덟시까지 취미반 강좌를 듣는다고 해서 절로 생기는 것도 아니다.

　지금보다 더 창의적이려면 모험도 감수하겠다는 각오와 용기가 필요하다. 단단하게 다져진 오래된 길을 벗어나 자신을 드러내고 마주할 준비가 되어야 한다. 남들이 뭐라고 하건 자신의 상상력을 생산적으로 펼칠 고집이 필요하다. 그러기에 친구가 자신의 잠재력을 발견하고 펼치는 데 더없이 소중한 자원이라는 깨달음은 중요하다.

나는 크리스타와 그녀가 만든 모빌 덕분에 그런 깨달음을 얻었다. 그녀가 주방과 욕실에 걸어두려고 모빌을 만들었는데, 그걸 보자마자 나는 그만 홀딱 반해버렸다. 그 안에 온 세상이 담겨 있었다. 크리스타는 가는 줄에 조가비와 나무 조각, 말린 수초, 올리브잎, 약초, 직접 만든 비누 조각을 번갈아가며 끼우고 정성껏 매듭지어 규칙적인 간격을 유지했다. 해변에서, 숲에서, 정원에서 주워 모은 작은 물건들로 그렇게 아름답고 사랑스럽고 화려한 작품을 만들 수 있다는 사실에 매우 놀랐다. 물론 나도 자연에서 시간을 보낼 때마다 이런저런 것들을 주워 모아뒀지만 그것들을 엮어 작품을 만들어보자는 생각은 한 번도 해본 적 없었다.

마음이 요동쳤다. '난 못할 거야!'라는 체념과 내 어린 시절의 각오처럼 '한번 해보자!'는 다짐 사이를 오갔다. 나의 상상력은 어떨 때 가장 활활 불타오를까? 혼자 있을 때다. 컴퓨터를 끄고 인터넷을 끊었다. 그렇게 며칠 뒤 문득 때가 되었다고 느꼈다. 밤 시간을 이용하기로 했다. 탁자엔 그동안 모은 보물들이 산처럼 쌓여 있었다. 갑자기 상상 속에서 그것들이 춤을 추라는 명령을 받은 것처럼 움직이기 시작했다. 맨 먼저 나무, 그다음 조가비, 구슬, 비누 조각을 순서대로 끼운 다음 밝은 갈색의 가는 포장 끈으로 매듭을 짓자 절로 리듬감 있게 간격이 생겨났다. 물론 완벽하지는 않았다. 그래도 놀라웠고 화려했으며 정말로 멋졌다. 그리고 나 역시도 놀랍고 화려하고 멋진 사람이 된 기분이 들었다.

이런 무질서한 갈등의 순간이 없었다면, 더불어 창의적인 자아를 발견하러 떠날 용기가 없었다면, 변화도 없었을 것이다. 크리스타가 영감을 주지 않았더라면 나는 이 미지의 땅을 발견하지 못했을 것이다. 그랬다면 나는 지금까지도 내가 자신의 창의력을 두려워했다는 사실을 깨닫지 못했을 것이고, 사실 알고 보면 그것은 결국 미지의 것을 향한 두려움이었다는 사실 또한 알지 못했을 것이다.

이날의 경험을 통해 나는 내가 어떤 사람인지를 알게 되었다. 조용히 영감을 주는 친구가 있어서 얼마나 좋은지 모른다. 채근하지 않고 재촉하지도 않고 그저 소중한 것을 나와 나누는 그런 친구가 곁에 있어 행복하다. 그녀는 내게 열정을 전염시켰다. 덕분에 나는 깨달았다. 발전은 감정을 표현할 용기가 있어야만 가능하다는 것을. 그러니 우리 모두 자기 안에 담긴 삶의 지혜를 타인의 삶에도 전달해야 할 것이다. 철학자 후고 퀴켈하우스Hugo Kükelhaus는 창의력을 "긷는다"고 표현했다. 어디에서 길어야 할까? 그날 이후 나는 안다. 내 마음의 저 깊은 곳이라는 것을.

조용히 영감을 주는 친구가 있어서
얼마나 좋은지 모른다.
채근하지 않고 재촉하지도 않고
그저 소중한 것을 나와 나누는 그런 친구가
곁에 있어 행복하다.
그녀는 내게 열정을 전염시켰다.

사소한 것에서
영감을 얻다

나는 카페를 좋아한다. 집도 야외도 아닌 그 공간이 좋다. 특히 안나와 카페에 앉아 있으면 정말이지 즐겁고 신이 난다. 우리는 말이 잘 통한다. 그녀는 조각을 하고 나는 오르간을 연주한다. 둘 다 손으로 뭘 하는 것을 좋아한다. 그녀는 자기 작품은 모두 다 다르고 새롭고 스릴 있다고 말한다. 이런 측면에서도 우리는 뜻이 잘 통한다. 나도 연주회에 갈 때마다 새롭고 흥분되니까.

우리는 명랑하고, 언제나 새롭고 황당한 아이디어를 반긴다. 그래서 아무리 힘든 일이 닥쳐도 깔깔 웃어넘길 수 있다. "왜 나는 천재가 아닐까?", "왜 아무도 날 이해하지 못할까?", "왜 우리는 늘 이상한 인간만 좋아할까?", "왜 나는 내가 뭘 원하는지 모를까?", "왜 그는 전화를 안 하는 걸까?" 이런 고민도 안나와 함께 있으면 별거 아닌 게 되고, 웃음의 소재가 된다.

우리는 둘 다 질서와 완벽이 만물의 척도인 세상을 좋아하지 않는다. 한편으로는 완벽해야 한다면서 또 한편으로는 창의력을 요구하는 것은 어불성설이라고 생각한다. 자고로 최고의 아이디어는 항상 이런 엉망진창의 무질서한 순간에 탄생하는 법이다. 아침에 눈뜨자마자, 소파에서 뒹굴다가, 꿈꾸다가, 어슬렁어슬렁 길을 걷다가, 머리를 자르다가, 자발적으로 속도를 줄이다가, 재수가 없어서 기분이 엿같은 날에.

우리는 계획을 세우지 않는다. 그냥 열린 마음으로 무슨 일이 일어나기를, 무엇이든 우리를 불러주기를, 우리를 향해 달려들기를 가만히 기다린다. 대부분은 아주 사소한 것들이다. 여치 한 마리, 귀뚜라미 한 마리, 고양이 한 마리, 새 한 마리 같은 것들이다. 우리는 이 작은 존재를 가만히 지켜보며 그것의 행동과 모습을 살핀다. 그것과 관계를 맺고 이야기를 나누며 먹이를 주고 이 우연한 손님을 어떻게 맞이할지 고민한다.

때로는 시각적 자극이 우리를 향해 달려오기도 한다. 우리가 아는 별자리, 활짝 봉오리를 열어젖힌 꽃 한 송이, 우리에게 말을 거는 것만 같은 나무 한 그루, 혹은 상처를 입어 부쩍 마음이 가는 나무 한 그루. 이런 만남의 실로 엮어 만든 이야기와 연상,

비유를 우리의 원초적인 인생사와 짜 맞춘다. 용기가 부쩍 솟구치는 날엔 즉흥적으로 글을 지어 서로에게 읽어준다. 작가 가브리엘 가르시아 마르케스 Gabriel Garcia Marquez는 말했다.

"인생을 살아보지 않은 사람은 글도 쓸 수 없다."

우리는 인생을 살고 있다.

이렇게 상상의 날개를 펴는 동안에는 신기하게도 안과 밖이 조화를 이루는 것 같다. 세상이 우리에게 말을 걸기 때문이다. 우리가 제일 좋아하는 것은 청각적 자극이다. 어디선가 갑자기 클래식이나 재즈 음악이 들려올 때다. 얼마 전에는 갑자기 어디선가 플루트 소리가 들렸다. 우리는 몇 분 동안 가만히 동작을 멈추고 그 소리에 귀를 기울였다. 그날은 유독 마음이 가볍고 따뜻했다.

가끔 우리는 냅킨에 떠오르는 문장을 적는다. 혹은 성냥갑을 가지고 놀면서 어린 시절 성냥갑을 흔들거나 성냥을 뽑던 순간을 떠올린다. 지금도 우리는 순간이 무엇을 선사할지 호기심에 차서 마음을 활짝 연다. 오스트리아 작가 로베르트 무질 Robert Musil이 일기에 다음과 같이 적었다.

"무언가가 우리 안에서 생각을 끌어올린다."

요즘엔 너도나도 창의력을 강조한다. 하지만 안타깝게도 너무 많이 이야기하다보니 오히려 누구도 진정한 창의력이 무엇인지 알 수 없는 지경에 이르렀다. 누구에게나 통하는 공통분모는 없다. 창의력의 세상에서도 모두에게 통하는 정답이란 없다. 그러므로 나는 친구와 함께 나누는 경험에서 창의력을 길어낸다. 모두가 자기만의 상상력으로 자기만의 세상을 만들 수 있다. 자기만의 작은 낙원을 열 수 있다. 창의력은 유머와 비슷하게 기존의 세상을 상대적으로 바라보게 한다. 지금의 세상이 유일하게 가능한 세상이 아님을 깨닫게 한다.

안나와 내겐 인식의 문을 열고 자기통제의 장막을 걷어 새로운 것을 맞이하는 길이 중요하다. 함께 놀고 함께 꿈꾸며 다시 어린 시절로 돌아가는 기쁨이 중요하다. 다가오는 모든 것은 항상 우리의 존재, 자기 탐험, 발전과 관련이 있기 때문이다. 철학자 니체가 그토록 치열하게 삶의 의미를 찾았던 것도 다 그럴 만한 이유가 있으리라. 어쩌면 그도 어느 날엔가 카페에 앉아 주변을 살피다가 문득 깨달았을 것이다. 애타게 찾아봤자 아무 소용없다는 것을 말이다. 그래서 그는 찾기를 멈추고 발견에 집중했을 것이다. 그래서 이런 명언을 남겼을지도 모른다.

"우리는 찾지 않는다. 우리는 발견한다."

새로운 가능성을
발견하는 즐거움

살다 보면 새로운 것을 시작할 가능성은 줄어든다. 특히 나이가 들면 아무래도 선택의 가능성이 줄어들고 그럴수록 대안을 모색하고 계획을 짜는 것도 힘들어진다. 나이가 들면 신경도 예민해져서 과거에 매달리게 되고 미래가 아닌 현재가 판단의 기준으로 자리 잡게 된다. 또 자기 보호에 급급해서 희망과 상상에 도전하는 대신 무작정 미지의 것을 두려워하게 된다. 하지만 이것은 나이듦의 일면일 뿐이다. 나이든다는 것이 자동적으로 새로운 것을 시작할 수 없다는 뜻은 아니다. 나이가 들면 자신이 무엇을 갈망하는지, 무엇이 필요한지, 무엇이 도움이 되는지 더 잘 알기에 내적 가능성이 더 커진다.

나이가 들면 궁핍의 언어를 더 세심히 들을 수 있고, 모든 것을 더 섬세하게 느끼며 호탕하게 웃을 수 있고, 하기 싫은 일은 단호히 거절할 수 있다. 그리고 이 모든 것은 다시금 마음을 열고 새로운 것에 기회를 줄 수 있는 자유를 드높인다. 모든 문이 다 잠긴 것은 아니다. 때로는 그냥 돌아서기만 하면 된다. 돌아서기만 하면 아주 편안하게 밖으로 나갈 수 있다.

자신을 용서할 마음이 있다면 새로운 가능성의 발견은 종교적 차원을 얻는다. 자책하던 곳에서, 소홀하던 곳에서, 용기 내지 못하던 곳에서, 그런 자신을 용서할 수 있다면 말이다. 자신과 화해하지 못하면 미지의 세상으로 가는 길을 닦을 수도 없다. 돌이킬 수 없는 일이 일어났던 곳이라면 더더욱 그러할 것이다. 해묵은 상처와 아픔을 잊고 갈등과 자책의 무거운 짐을 내려놓으려면 용기가 필요하다. 자신을 믿고 새로운 곳으로 발을 내디딜 용기, 과거가 발목을 잡아도, 새로운 세상은 없다는 생각이 길을 가로막아도 용기를 내어 걸음을 옮겨야 한다. 그것은 자책이나 자기비판 대신 가능성과 희망과 아름다운 미래의 설계를 기틀로 삼는 창조적 출발일 것이다.

일단 한 걸음을 옮기면, 갈등과 비관과 자책으로 인해 옴짝달싹할 수 없던 엄청난 에너지가 새로운 개방과 통찰을 향해 물밀듯 밀려 나올 것이다. 다른 삶이 가능하다는 믿음과 힘의 방출, 이 두 가지는 더 큰 열정을 불태울 조건이다. 왜 지금껏 미지의 땅에 발을 들이지 않았던가? 독일 작가 디터 벨러스호프 도르프Dieter Wellershorff는 말했다.

"삶은 주행 시험 구간이다. 단 한 번의 시험밖에 없지만 우리 머리엔 수백 번의 시험이 들어 있다."

스페인 발렌시아에서 미리암과 산책할 때마다 나는 정말 행복하다. 우리의 관계는 흔한 우정과는 다르다. 발렌시아대학교에서 그녀를 처음 본 순간은 마치 첫눈에 반한 사랑과도 같았다. 우리는 지연과 학연을 따지지 않는다. 닮은 점, 출신, 정체성 같은 요인들도 전혀 문제가 되지 않는다. 우리는 인간성의 들판에서, 의문이 있을 수 없는 명료함의 들판에서 만나 함께 활동하며 서로를 발견했기 때문이다. 우리는 서로의 희망과 동경과 비밀을 모른다. 의혹과 부족함과 모순도 모른다. 그저 함께 걷는 것이, 밤마다 같이 타파스를 먹으며 세상 돌아가는 이야기를 하는 것이 좋다. 무엇보다 절대 하소연하지 않는 것이 그녀의 가장 큰 장점이다. 미리암은 언제나 활기차고 자조적이며 유머가 넘친다. 그것은 아마도 그녀가 곳곳을 떠돌며 살았기에 자기 세상밖에 모르는 편협한 사람들과 달리 편견이 없기 때문일 것이다. 덕분에 우리의 대화는 항상 매력적이고 밝고 울림이 있고 다채롭고 다층적이다. 그녀와 함께 있으면 음악처럼 아름다운 대화를 나눌 수 있다.

삶에는 우리가 아는 것보다 많은 방이 있다. "내 안의 새로운 방을 알고 싶어?" 내가 그녀에게 묻는다. 그리고 함께 발렌시아 대성당에 가자고 제안한다. 그녀가 대답한다. "그런 생각은 한 번도 해본 적이 없어. 같이 가자." 그런 제안을 먼저 하게 된 것은 이렇게 속삭이는 마음의 충동 때문이었다. "그녀와 함께 가! 그녀와 함께라면 괜찮을 거야!" 그녀에게선 의혹을 느낄 수 없다. 어떻게 살아야 할지, 어떻게 새 공간을 함께 나눌지, 어떻게 새로운 것을 시작할 수 있을지, 그녀는 무엇도 주저하거나 의심하지 않는다.

나는 그녀에게 고백한다. 평생 성당은 내 인생의 동반자였다고. 힘들고 괴로울 때마다, 삶이 막막할 때마다 나는 늘 성당에서 힘을 길렀다. 특히 새벽이나 해 질 무렵 아무도 없는 성당에서 어둠을 밝히는 촛불이 참 좋다. 촛불이 환히 밝히는 고즈넉한 성당은 집에 온 듯 편안하고 아늑하다. 나를 앞선 수많은 사람들도 번잡한 세상사를 잊고 마음의 안식을 얻기 위해 이곳을 찾았을 것이다.

우리는 어두운 성당 맨 뒤편으로 가서 무릎을 꿇고 머리를 숙인다. 평소 같으면 한시도 입을 가만히 두지 않고 재잘거렸을 우리가 입을 꾹 다물고 몸짓도 삼간다. 어느 순간 그녀가 내 손을 잡으며 속삭인다.

"다 잘될 거야."

이곳에선 다시 우리를 되찾을 수 있을 것 같다. 앞서 이곳에서 근심과 걱정을 풀어놓았을 사람들에 비하면 우리의 이 소소한 문제들은 정말 별것 아니라는 사실을 깨달았기 때문이리라.

또 한번은 둘이서 미사에 참석했다. 그곳에서 주고받는 모든 말을 믿고 이해하지는 못해도 우리는 함께 기도를 올리고 노래를 부른다. 믿고 안 믿고는 중요하지 않다. 우리는 기도를 우리의 알맹이를 둘러쌀 포장지로 사용한다. 그저 그곳의 일원이 되고 싶기 때문이다. 그리고 세월이 가면서 깊어진 우리의 목소리를 다시 무리 속에서 듣고 싶기 때문이다. 다시 사람들과 어울려 노래를 부르는 것은 정말 행복한 일이다. 옆에서 노래하는 미리암의 낮은 목소리를 들으며 나는 아직도 드문드문 찬송가 구절을 떠올리는 자신이 참으로 기특하다. 온몸이 진동하듯 뜨거운 환희가 우리를 감싼다. 갑자기 그곳에 온 모든 사람이 친구처럼 가깝게 느껴지고, 돌아오는 내내 우리는 감격에 겨워 웃음 짓는 과거의 소녀로 돌아간 기분이다. 온 세상이 갑자기 따뜻한 빛으로 물든 것 같다. 마치 새로운 시작을 알리는 것 같다.

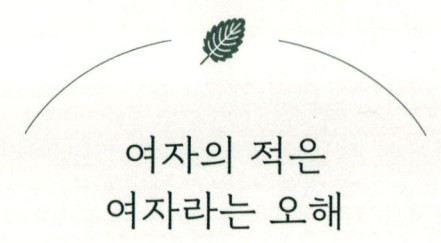

여자의 적은
여자라는 오해

예술가들의 우정이라면 다들 많이 알고 있을 것이다. 하지만 신화도 문학도 주로 남자들의 우정을 다룬다. 티타임처럼 가벼운 수다를 뛰어넘는 진정한 우정이 분명 존재했건만 역사는 여성들의 우정을 외면해왔다. 대표적인 여성이 고대 그리스 시인이자 음악가인 사포Sappho일 것이다. 그녀는 젊은 여성 후학들과 우정을 나누며 음악과 노래와 춤을 가르쳤다. 여성들의 우정이 세상에 알려지기 시작한 것은 19세기에 들어서면서다. 특히 예술을 우정의 자양분으로 삼은 여성 예술가들이 많았다. 파울라 모더존 베커Paula Modersohn-Becker와 클라라 릴케 베스트호프Clara Rilke-Westerhoff, 그레타 가르보Greta Garbo와 살카 비어텔Salka Viertel, 로자 룩셈부르크Rosa Luxemburg와 클라라 체트킨Clara Zetkin, 수전 손택Susan

Sontag과 애니 레보비츠Annie Leibovitz…… 평생을 이어간 우정도 있고, 격려와 위로로 둘도 없는 응원군이 되어준 우정도 있다.

특이한 사실은 이 상호 영감과 교류와 예술적 행위의 완성이 오직 기쁨과 조화, 비호와 무비판적 수용의 결실은 아니라는 것이다. 이 여성 예술가들의 관계에는 사랑과 공감, 관심 못지않은 비판과 투쟁, 경쟁이 숨어 있었다. 때로는 긴장과 경쟁의식이야말로 그들의 예술적 성취에 꼭 필요한 자극이자 도발이었다. 이 사실은 다시금 친구 사이에만 가능한 여지를 상기시킨다. 서로 다른 본성과 입맛, 정치관과 문학관, 감각과 인간관계를 조율하고 어우러지게 만들 수 있는 그런 여지 말이다. 모든 친구에겐 저마다 특별하고 개별적인 것이 있다. 그것이 우리 스스로를 개체로 만들고 우리의 특성을 더욱 두드러지게 한다.

올가는 나의 예술가 친구이자 영혼의 동반자다. 아니, 이것만으로 그녀를 다 설명할 수 없다. 그녀는 나의 도피처이자 경쟁자이고, 나에 대해서는 모르는 게 없는 전문가이자 나의 뮤즈다. 때로는 내 영혼을 감싸는 따뜻한 물주머니다. 시인 마티아스 클라우디우스Matthias Claudius도 말했다.

"하늘에서 맺어져 땅에서 이루어지는 우정이 있다."

우리는 함께 공연을 한다. 그녀는 작업실에서 직접 제작한 실물 크기의 인형으로, 나는 인형극에 맞는 음악을 연주하는 오르간 연주자로. 우리의 우정은 무엇으로 이루어질까? 우리는 텔레파시를 주고받는다. 특히 함께 공연할 때는 우리 사이를 오가는 텔레파시를 느낄 수 있다. 서로를 보지 못해도 우리는(그녀는 인형으로, 나는 오르간으로) 같이 숨 쉬는 사람처럼 공연한다. 그녀는 예배당에서, 나는 저 위쪽 오르간 좌석에서. 오르간에 붙은 작은 거울로 가끔 눈인사를 나눌 뿐이다. 그럼에도 우리는 나무랄 데 없이 척척 손발이 맞는다. 서로에게 관심을 갖고 함께 호흡하면서 서로에게 공명하기 때문이다. 우리는 동등한 사이다. 우리에겐 우정이 예술 공연만큼이나 중요하다. 우리는 지난 몇 십 년을 친구로 함께하며 신과 세상, 이웃에 대해 의견을 나누었다. 그래서 며칠만 안 보아도 보고 싶어 안달이 난다. 이 우정이 죽음을 넘어 영원히 이어지기를 바란다.

우리는 서로에게 경쟁의식을 느끼지 않느냐는 질문을 자주 받는다. 우습게도 정작 한 번도 그런 생각을 해본 적이 없다. 즉흥적인 애정에서 탄생한 것이 성공이나 돈, 명성보다 훨씬 강하기 때문이다.

"필요하면 연락해!"

우리는 서로에게 단 한 번도 이런 말을 한 적이 없다. 사실 이 말은 상대를 많이 배려하는 것처럼 들리지만 알고 보면 자기 마음 편하자고 하는 소리다. 필요할 때마다 친구가 먼저 연락해야 하니까 말이다. 우리는 정말로 서로가 필요하기에 굳이 그런 말을 할 필요가 없다. 말하지 않아도 몸이 먼저 달려간다. 어느 날 그녀에게 문자를 보냈다.

"입원했어. 수술했어."

그녀는 답장 대신 달려와 내 머리를 빗겨주었다. 크리스마스 연휴 동안 단 하루 쉬는 날이었는데 그 귀한 시간을 내게 선뜻 내주었다. 아무 말 없이.

예술가 둘이서 패권을 다투는 그런 진부한 라이벌 관계는 먼 세상 이야기이다. 우리가 이룬 모든 것은 서로 나눌 때 비로소 진가를 발휘한다. 그러기에 흔히 여자들끼리 하는 외모 경쟁은 우리 우정의 토양에서는 맥을 못 춘다.

"여자들의 경쟁이 더 매몰차다. 여자들의 경쟁은 존재 자체가 걸려 있기 때문이다."

독일 문학비평가 질비아 보벤셴Silvia Bovenschen은 이렇게 말했다. 많은 여성들에겐 그 말이 맞을지 몰라도 우리에겐 시기와 질투와 불쾌감을 느낄 이유가 없다. 우리는 이런 힘겨루기를 더 독창적이고 더 창의적이길 바라는 격려로 해석하기 때문이다. 우리는 외부와 내면에서 오는 예술적 영향을 적극 수용하여 맞는 말이라면 경청하고 용인할 준비가 되어 있다. 서로의 표현 방식이 다르기에 오히려 서로를 보완하고 서로에게 영감을 줄 수 있다. 물론 우리에게도 유혹과 에움길과 굴곡이 없지 않았지만 결국 더 큰 것이 우리를 하나로 묶어준다. 우리가 직접 개발한 인형음악극, 그것이 모든 난관을 뛰어넘어 서로의 손을 맞잡게 하는 끈끈한 연대다.

내가 음악으로
우정을 나누는 법

친구들과 함께 음악을 할 때가 나는 참 좋다. 특히 오랜 준비와 연습 끝에 연주회를 여는 날에 모든 것이 어우러져 착착 맞아떨어지는 그 순간 말할 수 없이 가슴이 벅차다. 모두가 서로의 소리에 귀를 활짝 연다. 전체는 개별적인 것의 총합 그 이상이 된다. 함께라서 더 큰 것을 이루고, 그 안에서 행복과 기쁨을 느끼는 이 시간이 내겐 우정의 화신처럼 느껴진다.

우리는 음악을 통해 경청을 배운다. 경청은 우정의 가장 중요한 조건이다. 경청은 수동적 행위가 아니다. 상대의 말에 귀를 여는 것은 상대를 대화로 초대하는 적극적 선물이다. 그 이면에는 진정한 우정을 만드는 기본 태도가 숨어 있다. '나는 너의 말을 귀 기울여 들을 거야. 너의 다름을 인정하고 받아들이기 때문이지.' 친구는 적극적 경청의 능력을 서로에게 선사하기에 서로를 대화의 장으로 이끌 수 있다. 내 친구 올가는 리허설 현장에 슬쩍 들어와 아무도 모르게 음악을 듣는다. 음악에 흠뻑 취한 그녀는 쉬는 시간 달려나가 먹음직스러운 과일 바구니를 사들고 온다. 그것이 그녀만의 적극적 경청이며 함께하는 방식이다.

내 친구 중에서 가장 나이가 많은 베아는 우리 어머니와 연배가 비슷하다. 그래서 아직 성숙하지 못해서 내가 엄마의 빈자리를 채우려고 베아와 친하게 지낸다고 성급히 결론짓는 사람들도 많았다. 친구가 많으면 그중에는 엄마처럼 뒤에서 챙겨주는 친구들도 있다. 하지만 그렇다고 해도 그 친구가 엄마를 대신하는 것은 아니다. 그저 보완의 역할을 해줄 뿐이다.

베아는 다정하지만 요구하는 눈빛으로 사람들을 바라본다. "나이가 들면 다 마이너스가 되지. 은행 잔고만 빼고."

툭툭 뱉는 그녀의 이런 농담도 나는 참 좋다. 하지만 우리를 진정으로 이어주는 것은 음악이다. 그녀는 피아노를 잘 치고 매일 음악을 듣는다. 나는 오르간을 세상 그 무엇보다 사랑한다. 덕분에 우리는 뭔가 마법적인 이런 말 없는 만남을 자주 가진다. 그녀와 함께 듣는 음악은 세상 그 누구와 듣는 음악과도 다르다. 우리는 같은 부분에서 눈시울을 적신다. 같은 합창과 노래를 외운다. 내 연주회에 와서 반짝이는 눈과 따듯한 미소로 음악을 듣는 그녀를 나는 자주 목격한다. 우리는 안도 밖도 아닌, 공통의 틈새에서 만난다. 그곳에 있으면 현실과 상상이, 실재와 환상이 하나가 된다.

아마 누구나 한 번쯤은 그 틈새를 다양한 방식으로 경험했을 것이다. 꼭 특별한 일이 있어야 하는 게 아니다. 일상에서도 우리는 자주 그런 공간을 만난다. 숲을 걷다가, 떨어지는 빗방울 소리를 듣다가, 피아노 연주를 듣다가, 고요한 교회에 앉아 있다가, 와인 한잔 마시다가……. 우리 모두 이미 확인하지 않았던가. 그런 경험이 구원에 대한 믿음을 되돌려준다는 것을 말이다. "잘해!", "화이팅!", "다 잘될 거야", "네 생각 많이 해", "널 위해 기도할게." 이런 용기의 말을 적어 친구가 내 손에 슬쩍 건네준 쪽지처럼.

음악가들은 이런 틈새를 더 나은 세상이라고 부른다. 그곳에선 친구들끼리의 질투와 경쟁심이 사라진다. 음악이 그런 부정적 감정들을 둘이서 함께하는 모험과 체험으로 변신시키기 때문이다. 그리고 그 변신은 청중에게도 전이된다.

음악가들의 얼굴을 가만히 보면 음악이 얼마나 사람을 부드럽게 만드는지 알 수 있다. 음악가들만이 아니다. 그 음악을 듣는 청중의 마음도 부드러워진다. 음악이 우리의 껍질을 벗기고 그 안에 숨은 알맹이를 꺼내는 것 같다. 상상만 해도 아름다운 모습이다. 음악이 그처럼 감상적이라는 말을 하려는 것이 아니다. 음악이 가진 유일한 재능을 말하려는 것이다. 음악은 동작이다. 우리는 그 동작에 전염되어 움직인다. 음악은 우리를 투명하고 따뜻하고 관능적으로 만든다. 좋은 우정도 마찬가지다. 친구와 음악은 우리가 어떤 사람이 될 수 있는지 알려주기에 우리는 더 온화해진다. 음악은 소리로 확신을 주고 친구는 경험으로 확신을 준다. 우리가 언젠가는 그 사람이 될 수 있을 것이라고 말이다. 낙관적이어서도 무지해서도 아니다. 음악은 반향의 희망을 지켜준다. 음악에 빠지면 근심과 고난도 못 참을 정도로 고통스러운 것은 아니라는 사실을 깨닫게 된다. 더 위대하고 더 아름다운 것이 존재한다는 사실을 알고 나면 웬만한 고난쯤은 참고 견딜 수 있게 될 테니 말이다.

음악은 고통과 불안을 춤과 노래로 저멀리 날려버린다. 묻혀 있던 공존의 경험을 되살리기 때문이다. 아직은 없는 것, 우리가 갈망하는 것을 노래와 연주로 불러온다. 친구와 함께 있어도 그렇다. 때문에 우리는 입과 손이 필요하다. 그것으로 우리의 심장이 꿈꾸는 것, 우리의 반향이 닿아야 할 것을 불러와야 한다.

나는 앞으로도 계속 우리가 음악을 함께 듣고 노래하고 연주하길 바란다. 음악은 우리를 우정에 적합한 사람으로 만들기 때문이다. 음악은 우정처럼 목적이 없고 그 자체로 충분하다. 음악은 우리의 가장 깊은 내면을 건드리고 꽁꽁 얼어붙은 이기주의를 녹인다. 음악을 들을 때면 좋은 친구의 품에 안긴 것처럼 푸근하고 따뜻하다. 바흐의 유명한 칸타타 21번 〈내 마음에 근심이 많도다 Ich hatte viel Bekümmernis〉만 들어도 느낄 수 있다. 아내를 잃은 바흐의 상심과 "너의 위로가 내 마음을 어루만지네" 같은 말에서 표현된 위안을 절절히 느낄 수 있다. 이성은 미처 못할 반향을 음악은 불러올 수 있다. 그러기에 어쩌면 음악은 모든 우정의 친구인지도 모르겠다.

7장

관계에는
늘 위기가
따른다

갈등을 해결하는 법

내면의
그림자를 알아차려라

내면의 그림자는 우정에 관한 책에서 빼놓을 수 없는 중요한 주제이다. 이 고통스러운 동행자를 대하는 방식이 결국 우정의 성패를 가르기 때문이다. 여기서는 내 이야기를 해보고 싶다. 내면의 그림자는 "이것과 저것이 나와 무슨 관련이 있는가?"라는 질문과 긴밀한 연관이 있으니까 말이다.

누군가 내 서재를 들여다본다면 그곳에서 합리적인 문장이 나올 수 있으리라고 도저히 상상할 수 없을 것이다. 예전에 어머니는 내 방을 치우려고 무진 애를 썼다. 하루는 내 빨래를 차곡차곡 개어서 내 방에 들어왔다가 화가 나서 바닥에 홱집어던진 적도 있다. 방바닥엔 메모지, 일기장, 파일, 스케치, 카세트테이프가 굴러다닌다. 나는 내 모든 생각과 기록을 바닥으로 끌어당기는 지구의 인력에 극렬히 저항하지만, 결국 나도 어쩌지 못하는 한계의 순간이 찾아온다. 그럴 땐 어쩔 수 없이 위기관리에 착수해야 하고, 그러다 보면 일이 두 배는 더 많아진다. 문제는 항상 물질이 정신을 이긴다는 데 있다.

"넌 무시무시한 질서의 폭군이야." 정리의 여왕인 친구가 나를 놀리듯 말한다. 그녀의 책상은 항상 먼지 한 톨 없이 깨끗하고 서가에는 서류들이 질서정연하게 배열되어 있다. 그 재능을 인정하고 그것을 배우는 편이 나에게 훨씬 도움이 될 것이다. 그렇지만 나 역시 그녀를 강박증 환자라고 놀린다.

자신의 그림자를 발견하는 순간 우리는 이상할 정도로 화를 내거나 무시한다. 특히 싫어하는 상대의 특징은 대부분 그림자와 관련이 있다. 그들에게 우리의 부족한 점을 투사projection하는 것이다. 혹은 우리가 믿을 수 없는 것, 할 수 없는 것을 그들은 할 수 있기에 애꿎은 그들을 희생양으로 삼는 것이다. 우리는 그들을 너무 게으르다고, 욕심이 많다고, 속이 좁다고, 낭비한다고 비난한다. 특히 타인에게서 자신의 허점을 발견하는 경우 더욱 분노하고 길길이 날뛴다. 타인을 통해 우리에게 부족한 것, 결코 되고 싶지 않은 것을 깨닫기 때문이다.

이런 생각은 스위스 정신분석학자 카를 융Carl Gustav Jung에게서 나왔다. 그는 이 '그림자shadow' 개념을 1961년 죽을 때까지 계속 주장했다.

"그림자는 너도 그러면서 남은 절대 그러기를 바라지 않는 모든 것이다."

이것이 융 이론의 핵심이다. 우리는 무거운 자루처럼 그림자를 평생 끌고 다니면서 내용물을 넣었다가 다시 힘들여 꺼내기를 되풀이한다. 이런 심리 개념을 완벽하게 이해하기 위해서는 반대 개념인 '페르소나^{persona}'에 대한 이해가 선행되어야 한다. 페르소나는 이상적인 자아상(연극 가면)이다. 그러니까 세상에 보여주고 싶은 이미지를 말한다. 하지만 좋은 면을 보여줄 때는 항상 외면하고 싶거나 쫓아버리고 싶은 그림자가 숨어 있다. 우리가 인정하지 못하는 모든 것이 그림자가 될 수 있다. 가령 매사에 개방적이고 호탕한 척함으로써 자신의 소심한 면을 외면하려 애쓰는 사람들도 있다.

친구와 함께라면 다양한 페르소나를 시험해볼 수 있다. 그리고 그를 통해 무엇이 우정의 이상이 될지, 그림자가 될지를 결정할 수 있다. 친구와 있을 때 성찰의 기회가 많기 때문에 타고난 자아상을 뛰어넘는 새로운 자아상을 시험해볼 수 있다. 친구의 말에 활짝 귀를 열 때, 자신의 말보다 친구의 말에 더 활짝 귀를 열 때 자아상은 변할 수 있다. 친구는 바람직한 우리의 모습을 알고 있다. 우리가 그들에게 어떤 의미인지를 보여주기 때문이다. 그것이야말로 성장에 꼭 필요한 소중한 보물이다.

또 친구의 행동 중에 거슬리는 점을 거울처럼 활용할 수 있다. 친구의 거울을 통해 자신뿐 아니라 자신의 그림자를 볼 수 있다. 그저 이렇게 묻기만 하면 된다. 저 친구의 무엇이 그렇게 거슬리는 것일까? 가령 이런 대답이 나올 수도 있다. "저 친구는 자기 이야기만 해." 그런 대답에는 자신의 그림자가 숨어 있다. 그렇게 숨어 있다가 불쑥 튀어나와서 우리에게 그림자와의 관계를 구축하라고 채근한다.

자신의 그림자를 추적하는 데 가장 도움이 되는 것은 투사다. 가장 가까운 사람들의 행동 중 가장 눈에 거슬리는 것, 가장 나를 화나게 하는 것을 살피는 방법이다. 그러나 이런 깨달음은 고통스러운 것이기에 우리는 상대의 참기 힘든 특성이 우리의 연관이 있다는 주장을 격렬히 반박한다. 상대의 저 무례하고 욕심 많고 짜증 나는 행동이 내 그림자라니, 생각만 해도 화가 솟구친다. 난 그렇지 않아! 하지만 바로 이런 반응이야말로 우리의 그림자가 말을 건넨다는 증거다. 그렇지 않다면 그렇게까지 화를 낼 이유가 어디 있겠는가.

그러므로 상대가 어리석고 게으르고 음흉하다는 생각이 드는 바로 그곳에서 어둠 속 나의 그림자가 활약하고 있는 것은 아닌지 물어야 한다. 이런 노력은 고통스럽고 힘들지만 자신의 독선을 깨닫게 해준다. 자신에게 그런 면이 숨어 있다는데 어떻게 함부로 남을 향해 손가락질을 할 수 있겠는가.

억압하거나 거부했던 그림자가 걸어 나와 우리의 관계로 침입한다면 정말 힘들 것이다. 부정적인 것들이, 비난과 질투와 경멸과 독선과 원한이 마음을 장악한다면 우정과 사랑을 가꿀 수 있는 우리의 능력도 심각하게 위협받을 것이다. 스스로 그 사실을 깨달으면 더 좋겠지만 친구가 먼저 도움이 필요하다고 손을 내밀 수도 있다. 그것이 변화의 물꼬가 될 수 있을 것이다. 내면의 그림자는 어둠 속에서만 살아남을 수 있다. 친구가 있는 밝은 곳으로 데리고 나와 그것의 의미를 깨닫게 된다면 아무리 무시무시한 그림자도 절로 힘을 잃고 말 것이다.

때로는 조금 더 정신을 바짝 차리고 숨은 동기를 알아내려 노력하는 것만으로 충분할 때도 있다. 그리고 "그래 난 그런 사람이야"라고 인정하면 된다. 혹은 남의 눈의 티끌은 보면서 내 눈의 태산은 보지 않으려면 얼마나 많은 에너지가 필요한지 깨달으면 된다. 그렇게 자신을 알아갈 것이고, 이를 통해 점점 더 내면의 독립을 다질 수 있을 것이다. 자신을 과대 포장하려는 억지 노력은 다 쓸데없다. 자기기만을 꿰뚫어 보고 그를 통해 자신에게 더 진실하게 다가갈 수 있다. 이런 해방의 열쇠는 온화함이다. 그것이 우리 안의 이물질처럼 보이는 수많은 것을 이해와 수긍으로 통합시키고 그럼으로써 우정에 새로운 창문을 열어줄 수 있을 것이다.

침묵으로
서로를 이해하는 법

나는 레아와 함께 있는 시간이 참 좋다. 우리는 걸음을 맞추며 오래오래 해변을 거닌다. 우리는 조용히 파도 소리에 귀 기울인다. 아주 조용히 그 고요를 받아들인다. 할 말이 없어서 침묵하는 것이 아니다. 감정이 마침내 활짝 열리는 공간에서 부러 입을 다무는 것이다. 그것은 말 없는 말이다. 서로를 이해하기 위한 침묵이다. 그런 순간이면 우리 안의 무언가가 활짝 열리고 널리 퍼져나간다.

말은 누구와도 할 수 있지만 침묵은 감정이 깃든 이런 고요함이 자연스럽게 나오는 사이에서만 가능하다. 그러기에 친구와 함께 나눈 침묵은 깊은 결속의 증거다. 침묵하는 자는 고요한 공간에서 자신을 내려놓고 공감할 준비가 되어 있는 사람이다.

레아와 나는 침묵을 두려워하지 않는다. 그런 해변 산책에서 귀가 더 밝아지고 감각이 더 예민해져서 돌아온 경험이 많기 때문이다. 침묵해도 서로를 충분히 이해할 수 있기 때문이다. 어차피 본질적인 것은 둘만의 공간, 그 숨겨진 공간으로만 찾아들기 때문이다.

하지만 침묵의 스펙트럼은 실로 다양해서 전혀 예상치 못한 순간 도무지 이해할 수 없는 이유로 문득 말이 끊어지고, 그 답답한 침묵이 무거운 납처럼 우정을 짓누를 때가 있다. 서로를 슬금슬금 피하고 접촉을 꺼리다가 결국 침묵의 포로가 된다. 상대의 주파수는 '수신 불가!', '관심 없어!'에 맞춰진다. 침묵의 결과가 얼마나 참담할지 잘 알면서도 우리는 거부의 표정, 거리의 몸짓, 차가운 눈빛으로 이런 무언의 게임에 말려 들어간다. "건드리지 마!", "난 너 필요 없어!" 10대 아이들도 거만한 친구에게는 말을 걸지 않는다. 이런 침묵의 무력함이 발생하면 불행이나 긴장만 느껴지는 것이 아니다. 독일 철학자 페터 비에리 Peter Bieri의 표현대로 "부족한 존엄의 불행"이 일어난다. 우리는 상처받고 불안하며 모욕감을 느낀다. 그리고 더 심오한 일이 일어난다. 우리의 윤곽마저 무뎌져서 뭔가 흐무러지게 된다. 우리 자신을 더 이상 이해하지 못하기 때문이다.

상대의 마음이 어떤지 항상 짐작할 수는 없다. 또 왜 그토록 친밀하던 관계가 갑자기 차가워졌는지 그 이유조차 모를 때도 많다. 대부분은 깊은 곳에 숨어 있다가 갑자기 불쑥 솟구쳐 비난과 거부로 이어지는 사소한 일들이다. 그러나 그것이 오래된 문제였다는 사실은 싸잡아 비난하는 말투에서도 잘 알 수 있다. "전형적이네", "늘 그랬어", "한 번도 그런 적 없어", "처음부터 그랬어."

"내가 뭐 잘못했어?"라고 물어도 대답이 돌아오지 않으면 자책하게 되고 이상하리만치 오싹한 느낌이 든다. 관계의 균형이 깨졌기에 화해의 의지와 앞으로 계속 가겠다는 용기가 필요하다. 또 우정의 문을 걸어 잠그지 않을 온화한 마음도 필요하다.

"회복되리라는 희망이 소용 있을까? 이쯤에서 그만하는 게 낫지 않을까?"

한 지인은 물었다. 나는 이렇게 말했다.

"희망은 없어. 그럼에도 기다리는 동안 너는 활기 있고 마음은 따뜻하며 불안하지 않을 거야."

다들 경험이 있을 것이다. 만남을 기다리는 시간의 길이는 매우 주관적이다. 연락을 기다리며 몇 주 동안 친구에게 홀대당했다고 생각하는 쪽과 연락을 해야 한다고 느끼면서도 아직 시간이 넉넉하다고 생각하는 사람은 서로 느끼는 시간의 길이가 다르다. 하지만 이런 무언의 시공간에서는 끝없는 상상들이 온갖 해석을 늘어놓을 위험이 있다. 고민에 빠져 혼자 상상의 나래를 펴기 시작하는 것이다. 내가 뭘 잘못했을까? 나는 농담이었는데 기분 나빴을까? 그럴 때 나는 고민하는 대신 그냥 잔디를 깎는다. 고민해봤자 나쁜 생각만 들 것이고 결국 나도 화가 나서 입을 다물어버릴 것이다. 그냥 살다 보면 멀어질 때도 있고 가까워질 때도 있는 법이란 것을 받아들이는 편이 낫다. 하지만 혼자서는 아무것도 못해서 다른 사람들에게 이것저것 책임을 지우고 싶은 사람들의 경우 어려움이 많을 것이다.

내가 아는 한 지인은 혼자서는 신발도 못 산다. 혼자 병원을 가는 건 상상도 할 수 없는 일이다. 그런 그녀와 커피 한잔하는 게 어려운 일은 아니지만, 그녀는 자꾸만 따져 물어 나를 곤란하게 만든다. "왜 일요일에 바람 쐬러 가면서 나는 안 데려갔어?", "극장 간다고 나한테는 말 안 했잖아. 말했으면 나도 따라갔을 텐데."

그럴 땐 침묵도 한 가지 방법일 수 있다. 하지만 그런 식으로 힘들어하는 친구에겐 명확한 대답이 훨씬 더 나을 것이다. 네가 그렇게 자꾸 부담을 주면 내가 힘들다는 것을 확실히 말하는 편이 낫다. 물이 목까지 차도 말은 할 수 있다. 누구에게나 대답을 들을 권리는 있다. 우리는 모두의 삶과 타인의 반응을 이해하고 싶다. 그 부분을 존중하지 않는 사람은 우리를 무력하게 만들고 우리의 존엄을 해친다.

인간은 자신을 표현하는 존재다. 누군가와 나란히 앉아 있을 때 침묵이 흐르면 곤혹스럽다. 자신을 잘 아는 사람은 말없이 남을 공격하지 않으며 애먼 곳에서 침묵하지도 않는다.

어떻게 다시 관계를
회복할 수 있을까

　친구와의 이별은 늘 아프다. 인간관계가 얼마나 덧없는지 새삼 깨닫게 된다. 우리는 다시 외로워지고 희망과 꿈과 약속을 잃는다. 때로 이별이 충격으로 다가올 때도 있다. 설사 나중에 다시 만난다고 해도, 그때 다시 깨진 파편을 주워 이어붙인다고 해도 이별은 충격이다. 왜일까? 이 질문에 답하기란 항상 어렵고 복잡하다. 이별의 수레바퀴로 휩쓸려 들어갈 경우 한 걸음 떨어져 바라볼 능력이 사라지기 때문이다. 자기 자신조차 멀리 떨어져 객관적으로 바라보기가 힘들다.

　선의만으로는 안 된다. 우정의 대화가 길을 잃을 경우 서로의 마음에서 어떤 일이 벌어지는지 통찰하고 이해할 수 있는 능력이 필요하다. 우정의 시작이 합리적 이해를 벗어나는 것처럼 갑작스러운 우정의 끝도 이성으로 다 설명할 수 있는 것이 아니다. 그러기에 더욱 많은 이해심이 필요하며, 성급하게 거부하고 비난하고 멸시하고 손가락질할 게 아니라 낯설고 불안하고 당황스러운 것도 받아들이고 수용하는 너른 마음이 필요하다.

우정이 멈추는 이유는 많다. 그중 하나가 습관처럼 만남을 지속하는 것이다. 관계는 활력을 잃고 더 이상 새로운 것을 받아들이지 못한다. 서로의 건강과 행복을 바란다는 점에서는 여전히 고마운 관계지만, 더 이상 할 말도 없고 무관심해지는 것은 어쩔 수가 없다. 변화와 혁신이 없는 우정은 딱딱하게 굳고 마비된다. 지난 과거의 한 페이지가 된다.

또 하나의 이유는 불신이다. 물론 서로를 믿지 못하는 마음이 일어난다고 해서 당장 작별을 선언하지는 않지만 서로를 향한 감정의 깊이는 서서히 얕아진다. 우정의 윤곽이 무뎌지고 신뢰의 틈이 벌어지며 자꾸만 서로를 비교하게 된다. 이렇듯 불신에 서서히 잠식당하면 우정은 길을 잃고 헤매다 결국 쓰러진다.

결코 한쪽에만 책임을 물을 수 없다. 항상 둘의 책임이다. 이별을 선언한 쪽은 상대를 거부할 뿐 아니라 상대를 통해 변화했던 자신마저 거부하는 것이다. 모든 친구는 상대의 내면에 몇 년이 가도 사라지지 않을 흔적을 남긴다. 모든 친구에게는 내 인생의 시간이 깃들어 있다. 그러기에 모든 이별은 슬픔의 이유가 된다. 이별을 통해 작은 죽음을 겪는다.

친구는 내 인생의 증인이다. 어릴 적 친구들이 "기억나?"라는 말로 옛 추억을 떠올리게 하는 순간마다 나는 뼈저리게 그 사실을 느낀다. 문득 그때의 우정이 되살아나고, 과거는 다시 영광과 생명을 얻는다. 그런 친구들이 떠나거나 죽을 때마다 기억은 재편된다. 이제 더 이상 함께할 미래가 없기에 기억 역시 빛을 잃고, 과거의 일부가 부스러져 떨어진다. 우리는 친구만 잃은 것이 아니다. 자아의 윤곽도 색이 바랜다.

우정은 기대가 큰 만큼 실망도 크다. 이혼과 달리 명성과 재산을 잃을 위험은 없겠지만 대신 우정에는 권리도 요구도 의무도 없다. 우정은 "생각과 감정의 춤"이라고 말한 독일 문학평론가 질비아 보벤셴은 사회적 유연성이기도 한 우정의 특징을 정확하게 반영한다. 친구와는 게임 규칙도, 가치관도, 균형도 항상 새로 맞춰나가야 한다. 우정은 무방비이며, 설명이나 이해나 대답을 청구할 권리가 없다. 그저 서로에게 우정을 베풀고 그 안에서 서로의 가치를 확인할 뿐이다. 우리는 자발적으로 친구를 선택한다. 필요나 의무나 청탁 때문이 아니다. 서로 달라도, 대립해도 우리가 이 우정을 택했다. 그 누구도 책임을 지지 않는다. 그러기에 우정의 종말은 항상 자신에게로 되돌아온다. 우리를 대신하여 판결을 내릴 사람이 없기 때문이다. 우리는 슬픔과 분노와 아픔의 원인을 마주하고, 끝난 것과 아직 끝나지 않은 것을 껴안고 고민해야 한다.

한 여성은 그 상실감을 이렇게 표현했다.

"산 채로 뻣뻣하게 굳어 빠짝 마른 기분이에요. 숨도 크게 쉬지 못해요. 머리에서부터 발끝까지 처음 느껴보는 불안이 온몸을 엄습해요. 금방이라도 부스러질 것 같은 기분이에요."

종말을 향해 달려가는 우정은 우리를 달리던 말에서 끌어내린다. 스스로 묻지 않을 수가 없다. 그에게, 그녀에게 나는 어떤 친구였을까? 모든 것은 수치심을 이기고 다시 힘을 내서 마음을 활짝 열 수 있느냐에 달려 있다. 하지만 그럴 수 있는 사람은 많지 않다. 감히 진실을 입에 올리기 두렵기 때문이다. 변화는 위험하다고 생각하기에, 변화를 기회로 인정하지 않기에 상대의 더 나은 제안을 무시하기 일쑤다.

우정도 어쩔 수 없이 늪을 건너고 돌밭길을 헤쳐나가야 하며 황량한 들판을 지나고 가시밭길을 걸어야 한다. 모든 우정의 춤은 우리의 다양한 얼굴과 모습을 보여주기에 연신 다른 얼굴이 튀어나와 깜짝 놀랄 때가 많다. 아마 우리가 구석진 곳에는 빛을 비추지 않았을 것이다. 문을 걸어 잠그고 너무 큰 방을 욕심냈을 것이다. 혹은 자신도 모르는 사이 상대를 너무 탓하거나 상대에게 해를 끼쳤을지도 모른다. 그러나 이유는 모호하고 생각은 추측에 머문다. 어떤 이유도 결국은 진실의 한 부분에 불과하다.

하지만 아무리 가슴이 아프고 화가 치밀고 슬프고 기력이 없어도 더 많이 이해하려면, 무엇이 있었고 무엇이 남았는지를 해명하려면, 적어도 말을 주고받아야 한다. 대화를 통해 원인을 해명하지 않으면 그 어떤 방법으로도 화해는 불가능하다. 일어났던 일들을 진정으로 소화할 수도 없을 것이다. 대화가 이별을 막지는 못할지라도 함께 나눈 감정이 더 이상 짐처럼 느껴지지는 않게 해줄 것이다.

입을 꾹 다물고 서로의 주변만 맴돌 것이 아니라 대화를 나눠야 한다. 해명돼야 할 것을 해명하는 최선의 노력은 대화를 하는 것이다. 숨는 자는 희망과 미래와 비전을 일절 거부하는 것이다. 우리 모두 그 사실을 알고 있다. 우리 내면 저 깊은 곳에는 비밀의 목소리가 있다. 우리가 어찌할 도리가 없을 때 무엇이 더 인간적이고 현명한지를 정확히 말해주는 양심의 목소리가 있다. 그 내면의 목소리에 귀 기울여야 하지 않을까?

우정도 어쩔 수 없이
늪을 건너고 돌밭길을 헤쳐나가야 하며
황량한 들판을 지나고
가시밭길을 걸어야 한다.

신뢰를 잃으면
단단한 우정도 무너진다

카린은 '배신'이라면 치를 떤다. 그날의 충격으로 인해 지금도 그녀는 소소한 의견 충돌에도 폭발하곤 한다. 우정은 종종 배신을 당하지만 그럼에도 그 충격은 참 오래간다. 배신은 우정의 가장 은밀한 영역으로 침투하여 상처를 입히고 넘어서는 안 될 경계를 넘기 때문이다.

친구가 의사라면 허리 디스크가 문제일 때 도움을 청할 수 있다. 그 정도의 부탁은 괜찮다. 하지만 자동차 판매를 하는 친구에게 주말에 무료로 차를 빌려줄 수 있냐고 묻는 건 과하다. 친구라고 해서 모든 것을 부탁할 수는 없다. 친구 사이에도 예의가 있다. 하지만 카린이 당한 일은 단지 예의를 넘어서는 차원이 아니었다. 그보다 훨씬 수위가 높았다. 어려울 때 친구를 버려두고 도망치는 친구가 무슨 소용이 있을까? 더 이상 만남이 불가능할 정도로 상대를 바보로 만드는 친구가 무슨 친구란 말인가?

카린은 '절친'과 여행을 갔다가 엄청난 곤경에 처했다. 친구가 그곳에서 마음에 드는 남자를 만나 사랑에 빠진 것이다. 거기까지는 그래도 좋다. 친구의 사랑이라면 오히려 팔을 걷어붙이고 도와줄 수도 있으니까. 문제는 친구가 그 남자에게 그녀와 카린 둘만의 비밀까지 알려주고, 카린이 겉보기와 달리 알고 보면 질투쟁이라고 험담까지 한 것이다. 두 사람 사이에 격렬한 비난과 언쟁의 소나기가 멎은 후 친구는 물건을 챙겨 그 남자에게 가버리고 말았다. 카린은 대서양에서 제일 아름답다는 섬에 홀로 남겨졌다.

은밀한 비밀 공개는 우정의 연약한 피부에 생채기를 낸다. 무심결에, 부주의로 그랬다 하더라도 결과는 똑같다. 왜 그럴까? 친구 사이엔 세상에 단 하나밖에 없는 그들만의 영혼의 결합이 생겨난다. 친구는 내 약점과 성격의 증인이다. 친구는 다른 이였다면 절대 꺼내 보이지 않았을 내 응답의 어두운 측면까지 다 아는 사람이다. 그러기에 우정은 그 둘만이 아는 은밀한 비밀을 서로 지키리라는 믿음에서 나온다. 독일 심리학자 볼프강 크뤼거Wolfgang Krueger는 예전에는 개인적인 문제뿐 아니라 가족 문제를 말하는 것도 배신으로 보았다고 주장한다. 함께 나눈 친밀함은 우정의 신성한 영역이다. 그 영역을 침범당한다면 엄청난 실망감이 우리를 덮친다. 아무도 없이 허허벌판에 홀로 던져진 어린아이처럼 헛헛한 마음이 될 것이다. 관계의 존엄뿐 아니라 우리 자신의 존엄마저 훼손될 테니까 말이다.

나와 너무 다른 친구의 견해와 가치관도 우정을 위태롭게 할 수 있지만, 친구에 대한 믿음을 잃는 건 그와 비교도 안 될 정도의 큰 충격이다. 믿음이 무너진다면 아무리 그럴듯한 이유를 둘러댄다고 해도 우정이 계속될 가망은 없다. 언어는 오해의 수단으로 전락하여 지극히 일상적인 대화를 나눠도 서로를 이해할 수 없을 것이다.

우정은 나름의 어조와 몸짓과 분위기가 있다. 이것이 갑자기 변하면 새로운 관계로 떠밀려 들어가거나 공개적으로 우정을 부인당하는 꼴이니 배신이나 다름없는 상황이 펼쳐진다. 관계의 유일함에 대한 존중이 훼손당했기 때문이다.

우정이 배신을 당하면 영혼이 처참해진다. 하지만 이 경우에도 우리에게는 기적의 치유를 가능하게 하는 타고난 정신력이 있다. 큰 소리로 항의하고 상대에게 설명을 요구하고 복수를 하고 다른 친구와 연대하여 대리만족을 꾀하기도 한다. 혹은 칩거하거나 체념하고, 무시하거나 부인하며, 심한 경우 자신에게 주어진 벌이라고 해석하기도 한다. 요즘엔 명상을 통해 상처 입은 영혼을 치유하는 사람들이 늘어나고 있다. 지금 이 순간에 충실하려 애쓰고 자연을 벗 삼아 마음을 달래고, 아무것도 바라지도 요구하지도 기대하지도 강요하지도 않으려 한다. 옛 선인들의 지혜를 명심한 채 인내를 훈련하는 것이다.

8장

우정이 나에게 가르쳐준 것

관계의 마지막 단계 *

상처가 깊다면
내려놓아야 한다

　어렵고 고단한 인생길을 좋은 친구와 함께 걸어갈 수 있다면 얼마나 좋을까? 무성영화 시대부터 1950년대 중반까지 활동한 미국 코미디계의 위대한 듀오 스탠 로렐Stan Laurel과 올리버 하디Oliver Hardy가 바로 그런 우정의 산증인이다. 뚱뚱이와 홀쭉이, 이 두 사람이 함께 찍은 106편의 영화는 소박하지만 감동의 메시지를 전한다. 무슨 일이 있어도 우정은 깨지지 않는다는 메시지 말이다.

　그들은 온갖 사고를 치며 물건을 부수고 몸을 다치기도 하지만 언제나 웃으며 서로를 끌어안고 우정을 지켜나간다. 아리스토텔레스가 자신이 강조한 "선을 추구하는" 숭고한 우정의 이상을 엉망진창으로 만들어버린 이 사고뭉치들을 보았다면 아마

혀를 차며 고개를 저었을 것이다. 뚱뚱이와 홀쭉이는 감상이나 열정, 과도한 감정과는 거리가 멀다. 때문에 그들은 있는 그대로의 모습만으로도 유쾌함을 전한다.

친구와 너무 오래 다투지 마라. 갈등을 너무 오래 묵히지 마라. 꽁해 있지 마라. 나는 이 두 사람을 지켜보며 이 세 가지 교훈을 얻었다. 거기서 다시 무엇을 배웠을까? 너무 많이 기대하지 마라! 자신에게도 상대에게도 너무 큰 기대는 금물이다. 겁이 나거나 도덕적이지 않아서가 아니라 자신의 실수와 약점을 보기 위해서다. 뚱뚱이와 홀쭉이라면 엉덩이를 한 대 걷어차거나 얼굴에 케이크를 집어 던지는 것으로 화를 풀었을 것이다. 그들이라면 저녁 내내 언쟁을 벌이지만, 결국 무슨 이야기를 했는지도 모른 채 둘 다 지쳐 나가떨어지는 한심한 짓은 하지 않을 것이다. 입을 꾹 다물고 꽁해서 서로를 원망하다가 멀어지는 짓도 하지 않을 것이다. 진정한 우정은 참을 수 없는 것도 참을 수 있는 것이니 말이다.

내 머리를 떠나지 않는 생각이 있다. 힘든 현실 한가운데서, 부조리한 상황에서 그냥 하하 웃으며 서로를 끌어안는다면 어떨까? "누구나 실수는 하니까"라는 말로 대충 넘어가자는 게 아니다. 좋은 친구는 너그러운 마음으로 상대를 돕고 상대의 체면을 지켜준다. 슬픔은 나누면 절반이 된다는 사실을 알기 때문이다. 우리는 서로를 해방해줄 때만 자유로울 수 있다. 그리고 해방은 걱정과 유치함이 없이도 서로 묶어주는 것을 인정하고 화해하는 것을 의미한다.

어쩌면 실수와 약점을 새롭게 바라볼 필요가 있을지도 모르겠다. 거부하지 않는 건설적인 자세가 필요할 것이다. 화해를 하려면 한 편의 스토리를 끝내거나 셈을 치러야 한다. 이것을 거부하는 것은 "난 아직 준비가 안 됐어"라는 의미다. 하지만 그 끝자락에는 이런 의미도 담겨 있다.

"난 아직 너와 끝난 게 아냐. 끝났다면 널 떠났겠지."

불화의 골이 깊을수록 선뜻 내려놓기가 쉽지 않을 것이다.

원한과 불화는 상처를 들쑤신다. 상처에 뿌린 소금처럼 고통을 더한다. 상처를 자꾸 긁으면 몸도 괴롭지만 마음의 면역 체계도 약해진다. 다음 어느 여성의 이야기에서 화해를 하기까지 어떤 영혼의 작업이 필요한지를 알 수 있다.

"친구랑 심하게 다투었어요. 사실 별것도 아닌 일이었는데 그렇게 되었어요. 지금 생각하면 왜 그랬는지 도통 모르겠는데 그냥 울컥해서 친구한테 고함을 질렀죠. 그러고 났더니 마음이 너무나 허전했어요. 친구와 나를 이어주던 실이 뚝 끊어진 기분이었거든요. 마음이 이랬다저랬다 했어요. 이참에 연을 끊어버릴까? 하지만 친구에 대한 내 마음이 다 사라진 건 아니었어요.

마음속으로 친구와 수도 없이 상상의 대화를 나눴죠. 연말 내내 기분이 안 좋았어요. 그러다 신년 파티를 마치고 자정 무렵에 갑자기 무슨 생각이 들었는지 친구에게 전화를 걸었어요. 딱 한마디 했죠. '보고 싶어.' 우리는 말없이 훌쩍이기 시작했어요. 처음으로 친구가 그동안 나 때문에 얼마나 괴로웠는지 솔직하게 털어놓았어요. 갑자기 친구가 나와 같은 피해자로 보였어요. 친구의 마음을 온전히 이해할 수 있을 것 같았어요."

이 이야기는 마음의 상처가 나으려면 얼마나 힘이 드는지를 짐작하게 한다. 그것은 미움, 분노, 침묵, 슬픔, 고통의 여러 단계를 거치는 고난의 길이다. 화해의 길은 분노를 스쳐 지나가는 것이 아니라 분노의 한가운데를 통과한다. 당한 고통에 분노해야 비로소 길이 열린다. 감정의 폭풍이 휘몰아친 후 찾아온 고요는 다시 마음에 새살이 돋을 때까지 슬픔과 자기 보호, 칩거로 매워진다. 그러나 마침내 새살이 돋는 날, 당장 서로를 포옹하지는 못한다 해도 친구를 새로운 눈으로 바라보고 이해할 수 있다는 희망의 불씨가 되살아난다.

그냥 생각하지 않으려 애쓰는 편이, 잊어버리는 편이 더 낫지 않을까? 그렇지 않다. 그렇게 간단한 문제가 아니다. 절친이 그 오랜 관계를 배신했다는 충격을 어떻게 잊을 수 있을까? 나의 신뢰가 악용당했다는 사실을 깨닫는 순간 온몸에서 힘이 쑥 빠져나간다. 어떻게 그것을 잊을 수 있을까? 없었던 일인 척할 수 있을까?

상처가 깊다면 아무리 힘들어도 내려놓아야 한다. 너무 뻔한 결론이라고, 혹은 너무 비겁하다고 생각할 수도 있을 것이다. 그러나 내려놓으라는 말을 숙명으로 받아들이라는 뜻으로 해석해서는 안 된다. 내려놓기는 자신과의 화해로부터 시작된다. 그것의 출발점은 자기 탐구다. 나의 몫은 무엇인가? 이 경험은 나의 무엇을 건드리나? 나의 큰 결점은 무엇인가? 그런 자기 탐구는 숙고와 화해의 분위기를 담는다. 더 이상 우리는 아무 죄도 없이 속수무책으로 당하는 피해자가 아니다. 상대 역시 함부로 단죄할 수 없다. 자신과의 화해는 망각과 외면이 아니며, 부당함을 감수한다는 뜻도 아니다. 그것은 자신을 진정으로 이해하려는 것이다. 있는 그대로의 나를 진정으로 이해하는 것이다.

화해가 반드시 특정한 행동으로 표현돼야 하는 것은 아니다. 가령 나를 배신한 친구와 다시 만나야 하는 것은 아니다. 두 번 다시 그를 안 볼 수도 있다. 화해란 무엇보다 자기 자신을 위해 하는 것이며, 겪은 고통을 긍정적으로 소화하고 그것을 바탕으로 더 성장하는 것이다. 결국 이렇게 말할 수 있는 지점에 도달하는 것이다.

"그래, 그런 일이 있었지. 그래도 이젠 과거에 매달리지 않을 거야. 다 내려놓을 수 있어."

　자신과의 화해는 자기 경멸과 무기력을 버리는 것이다. 그것을 자양분으로 삼아 내게 상처를 준 사람에게도 온화함을 유지할 수 있다. 그럴 수 있으려면 자신의 어두운 그림자를 태연하게 바라볼 수 있어야 한다. 그럼 우리가 피해자인 것만은 아니듯 가해자 역시 가해자인 것만은 아니라는 사실을 인정할 수 있을 것이다. 그 이면에는 화해는 노력한다고 해서 억지로 되는 것이 아니라는 깨달음도 숨어 있다. 억지 노력을 포기할 때 평화가 깃든다는 깨달음 말이다. 과거의 무거운 짐에 연연하지 않고 갈 길을 계속 걸어간다면 과거에 제자리를 내어줄 수 있을 것이다. 물론 그러자면 시간이 걸린다. 어쩌면 평생이 걸릴 수도 있다. 그럼에도 자유와 평화를 되찾는 일이기에 그럴만한 가치가 있다.

우리가 여전히
친구라는 사실

나이가 들면 가깝던 친구가 차츰차츰 예전의 능력을 잃어간다. 나도 벌써 여러 번 그런 일을 겪었고, 친구가 점점 더 예전의 모습과 멀어질 때마다 고통스럽고 슬프고 불안하다. 내가 말하는 것은 영혼의 과정이다. 친구와의 관계를 건드릴 뿐 아니라 뒤흔들기도 하는 그런 영혼의 일이다.

파티에서였다. 친구가 갑자기 나를 사람들에게 소개했다. 내가 이미 오래전부터 알고 지내던 사람들이다. 처음엔 당황했지만 뭔가 새로운 일이, 낯선 일이 일어났음을 예감하게 하는 그의 눈빛을 본 순간 나는 충격을 받았다. 내가 둔했던 걸까? 내가 눈치가 없었나? 처음엔 그가 너무 피곤해서, 혹은 술이 과해서 그런가 싶었지만 그런 게 아니었다. 그의 행동이 뭔가 평소와 달랐다. 그것은 미처 준비하지 못한 경고신호였다. 뭔가가 무너지고 부서지고 있다는 신호였다.

그날 이후 지금껏 한 번도 경험하지 못했던 일이 시작되었다. 그의 개인적, 정신적 정체성이 사라지기 시작한 것이다. 다시 말해 그의 사고와 느낌을 통솔하던 능력이 사라지기 시작한 것이다. 냉철하고 예리하던 그의 사고 능력이 점점 흐리멍덩하고 둔해졌다. 도무지 이해할 수 없는 행동도 많았다. 나는 그의 시선에서 과거의 그를 열심히 찾았지만 결국 실패했다.

그날 파티에서 일어났던 일은 서막에 불과했다. 날이 갈수록 그의 행동과 태도는 점점 이해 불가의 상태로 빠져들었다. 나는 생각을 바꿔보려 애썼다. 그도 자연의 일부이니 세상 모든 것이 그렇듯 쇠락과 상실을 피하지 못할 것이다. 하지만 이런 냉철한 시각은 생물학자나 과학자의 시선이지 친구의 시선은 아니다. 나는 그의 친구이기에 가슴이 아프고 무기력했으며 어찌할 바를 몰랐다.

가끔은 자문해보기도 했다. 그는 어떨까? 저렇게 달라진 자신을 어찌 생각할까? 그는 예측할 수 없고 맥락이 없는 사람이 되어갔고 그의 생각과 이야기는 일관성이 없었다. 다른 사람이 무슨 생각을 하는지 관심이 없어졌으니 자신의 행동이 남에게 어떤 영향을 미칠지를 가늠할 능력은 당연히 없었다. 그도 자신이 왜 그런지 몰랐다. "어쩔 수가 없어", "나도 내가 왜 그런 짓을 했는지 모르겠어." 그런 말을 하는 것으로 미루어 그도 자신의 변화를 어쩌지 못하는 것 같았다. 스스로도 자신을 이해하지 못했다. 나는 그에게 물었다.

"뭐 하고 싶은 거 있어? 뭘 해야 즐거워?"

한참을 고민하던 그가 대답했다.

"없는데."

그는 즐거웠던 과거도 기억하지 못했다. 그래도 내가 케이크를 집어 들다가 실수로 술잔에 빠뜨렸던 일은 기억했다. 시간 감각이 사라진 듯 과거와 현재와 미래가 녹아 흐물흐물해진 것 같았다. 여행을 다녀온 그에게 뭘 봤느냐고 물었다. 신속하지만 지친 대답이 돌아왔다. "아무것도 못 봤어."

그에게 아직 바람이 있을까? 그는 무엇을 기대할까? 무엇을 갈망할까? 그의 언어도 점점 파편화되어갔다. 적절한 단어를 떠올리지 못했고, 뻔한 미사여구와 진부한 표현들로 문장을 채웠다.

과거의 그는 활기와 유머가 넘쳤고 예술을 사랑했으며 아이디어가 번뜩였다. 혼자 있는 것을 좋아하는 사람이어서 늘 사람들하고 어울리는 나를 못마땅하게 생각하기도 했다. 우리는 함께 전시회를 보러 다녔다. 또 가끔은 그가 나의 오르간 연주를 들으러 교회나 연주회에 오기도 했다. 지금도 그는 가끔 몰래 교회로 들어와서 좋아하는 곡을 신청하곤 한다. 어떨 땐 연주하면서 울컥 눈물이 솟구칠 때가 있다. 언젠가 우리의 만남도 끝나리라 예감하기 때문이다. 그래도 아직은 연주가 끝난 후 그와 대화를 나누며 그 시간을 즐긴다. 각본처럼 과거와 미래를 담은 그런 대화를. 그럴 때면 그는 다시 집에 온 듯 편안해 보인다. 물론 예전에 비하면 대답도 반향도 훨씬 머뭇거리지만, 그래도 음악은 여전히 그에게 가닿는다는 사실을 알 수 있다. 그는 이곳에 있고 그의 시선은 초롱초롱하며 그의 미소는 내게 말한다. 우리가 다시 서로에게 가닿는다고.

가끔은 내가 잘하고 있나 의심이 들 때도 있다. 하지만 희망의 불씨가 피어오르는 그런 순간이면 나는 옳고 그름이 없다고 느낀다. 중요한 것은 무언의 만남이 늘어날 테지만 그래도 우리가 서로 소통한다는 사실이다.

타인을 사랑의
눈으로 바라보는 태도

이 책을 마무리 지을 시간이 되니 우정도 끝에서 바라보고 싶은 마음이 생긴다. 모든 우정에는 끝이 있다. 모든 경험의 끝은 결국 죽음이기 때문이다. 해변에 서 있으면, 특히 인적 없는 텅 빈 해변에 서 있으면 어느 때보다 그런 생각이 뼈저리게 다가온다. 그곳에 있으면 무엇이 진정으로 중요한지 느껴진다. 끝없는 바다의 모든 것이 변화의 끝을 예감하게 한다. 물이 말한다. 나는 비요, 샘이며, 개울이고, 강이며, 호수이고, 바다다. 영원히 변치 않는 것은 없다. 세상만물은 쉬지 않고 변하며 쉬지 않고 오간다. 우리의 우정 역시 시간의 흐름에 따라 모습을 바꾼다.

끝에서 바라보면 나는 과연 스스로 선택한 우정을 얼마나 정성껏 보살피고 가꾸었는지 자문하게 된다. 그것은 "어떤 친구가 정말로 소중한 친구인가?"라는 질문으로 시작된다. 내가 생각하는 우정은 어떤 태도와 행동으로 표현되는가? 이런 질문은 결국 "나는 누구이고 무엇을 위해 사는가?"라는 궁극적 질문으로 이어진다.

나는 어떤 친구인가? 내가 생각하는 친구의 기준은 무엇인가? 이런 고민은 자신의 삶에 대한 고민이며, 나의 바람을 내가 얼마나 실천하는지에 대한 고민이다.

모든 우정은 결국 살아보지 못한 삶이기도 하다. 우리가 함께할 수도 있었을 공통의 것을 포기하는 것이기도 하다. 이런 생각은 자신을 비판적으로 성찰하고 자신의 경계를 깨닫게 한다. 친구에게 거는 기대도 한계가 있음을 깨우치게 한다. 그것이 친구를 보는 눈을 변화시키고 화해의 장을 마련하며, 아무리 뜻이 좋아도 결국 우리가 할 수 있는 것은 한계가 있다는 사실을 인정하게 한다. 우리 행동의 많은 동기는 의식 깊은 곳에 웅크리고 있기에 쉽게 알 수 없기 때문이다. 그리고 그럴수록 더욱 자기 인식의 중요성이 커지는 것이다.

"유머와 애정, 반항은 노화를 막는 최고의 방법이다."

프랑스 배우 이브 몽탕Yves Montand은 말했다. 세 가지가 내 마음에 쏙 든다. 이 세 가지를 오래 간직한다면 빨리 늙거나 쉬이 호기심을 잃지 않을 수 있을 것이다. 또한 친구와 함께한 삶의 시간을 열린 마음으로, 창의적으로, 호기심을 갖고 바라볼 수 있을 것이다. 몸이 허락하는 동안에는, 친구에게 의존하는 마음을 약점이 아니라 아름다움으로 생각하는 동안에는 말이다.

나이가 들면 우리는 서로 닮아갈까? 더 투명하고 단순해질까? 대답은 우리 영혼에 남은 친구의 흔적과 자취를 우리가 얼마나 중요하게 생각하느냐에 달렸다. 그 모든 것은 똑같은 경험이 아니다.

"삶은 주행 시험 구간이다. 단 한 번의 시험밖에 없지만 우리 머리엔 수백 번의 시험이 들어 있다. 한 번만, 딱 한 번만 우리 길을 걷는다는 것이 도무지 이해하기 힘들다."

독일 작가 디터 벨러스호프는 이런 유언을 남겼다.

결국엔 타인을 사랑의 눈으로 바라보는 태도가 가장 중요하다. 별것 아닌 말 같지만 실천하기는 참 힘들다. 그 태도가 우정을 지탱하는 가장 큰 힘이기 때문이다. 지금도 그러하며, 앞으로도 그럴 것이며, 심지어 우리가 다 떠나고 없을 그때에도 그럴 것이다.

이 책을 쓰는 내내 내 곁을 지키며 의욕과 용기를 주었던 로제 아우슬랜더Rose Ausländer의 시 한 편을 소개하는 것으로 책을 마무리 짓고자 한다. 그녀는 여든의 나이에 이 시를 지었다.

너 아직 거기 있구나.

불안은 허공으로 던져버려라.

곧 너의 시간이 끝날 것이다.

곧 풀밭 밑에서 하늘이 자랄 것이다.

너의 꿈들은 흔적도 없이 사라질 것이다.

아직 패랭이는 향기를 뿜고 개똥지빠귀는 노래한다.

아직 넌 사랑할 수 있고 말을 쏟아낼 수 있다.

너 아직 거기 있구나.

네가 되어라.

네가 가진 것을 나눠줘라.

내가 생각하는 우정은
어떤 태도와 행동으로 표현되는가?
이런 질문은 결국 "나는 누구이고
무엇을 위해 사는가?"라는
궁극적 질문으로 이어진다.

옮긴이 장혜경

연세대학교 독어독문학과를 졸업했으며, 동 대학원에서 박사과정을 수료했다. 독일 학술교류처 장학생으로 하노버에서 공부했으며 현재 전문 번역가로 활동 중이다. 옮긴 책으로는 『우리는 여전히 삶을 사랑하는가』, 『내 어깨 위 죄책감』, 『나무 수업』, 『아무도 존중하지 않는 동물들에 관하여』, 『처음 읽는 여성 세계사』 등이 있다.

그럴수록 우리에겐 친구가 필요하다

초판 1쇄 발행 2022년 3월 14일
초판 2쇄 발행 2022년 3월 21일

지은이 이름트라우트 타르 **옮긴이** 장혜경

발행인 이재진 **단행본사업본부장** 신동해 **편집장** 김예원
책임편집 김다혜 **교정교열** 나희영 **디자인** ROOM 501
마케팅 최혜진 권영선 **홍보** 최새롬 **국제업무** 김은정 **제작** 정석훈

브랜드 갤리온
주소 경기도 파주시 회동길 20
문의전화 031-956-7357(편집) 031-956-7500 (마케팅)
홈페이지 www.wjbooks.co.kr
페이스북 www.facebook.com/wjbook
포스트 post.naver.com/wj_booking

발행처 ㈜웅진씽크빅
출판신고 1980년 3월 29일 제406-2007-000046호

한국어판 출판권 © ㈜웅진씽크빅, 2022
ISBN 978-89-01-25820-1 03180

갤리온은 ㈜웅진씽크빅 단행본사업본부의 브랜드입니다.
이 책은 저작권법에 의해 한국 내에서 보호를 받는 저작물이므로 무단전재와 무단복제를 금합니다.
이 책 내용의 전부 또는 일부를 이용하려면 반드시 저작권자와 ㈜웅진씽크빅의 서면 동의를 받아야 합니다.

※ 책값은 뒤표지에 있습니다.
※ 잘못된 책은 구입하신 곳에서 바꾸어드립니다.